UN BEST SELLER
PARA TODA LA VIDA

RYAN HOLIDAY

UN BEST SELLER
PARA TODA LA VIDA

CÓMO CREAR Y VENDER OBRAS DURADERAS

OCEANO

UN BEST SELLER PARA TODA LA VIDA
Cómo crear y vender obras duraderas

Título original: PERENNIAL SELLER.
  The Art of Making and Marketing Work That Lasts

© 2017, Ryan Holiday

Publicado según acuerdo con Portfolio, un sello de Penguin Publishing Group,
una división de Penguin Random House LLC

Traducción: Enrique Mercado

Diseño de portada: Sergi Rucabado
Fotografía del autor: Ann Johansson

D. R. © 2018, Editorial Océano de México, S.A. de C.V.
Homero 1500 - 402, Col. Polanco
Miguel Hidalgo, 11560, Ciudad de México
info@oceano.com.mx

Primera edición: 2018

ISBN: 978-607-527-599-4

Impreso en México / Printed in Mexico

ÍNDICE

Introducción | 9

PARTE I

EL PROCESO CREATIVO | 19
De la mentalidad a la ejecución y la magia

PARTE II

POSICIONAMIENTO | 57
Del acabado al perfeccionamiento y la presentación

PARTE III

MERCADOTECNIA | 95
De la búsqueda a la cobertura, de la presión a la promoción

PARTE IV

PLATAFORMA | 149
De los fans a los amigos y a una carrera cabal

Conclusión | 185
¿Qué tiene que ver la suerte con esto?

Epílogo | 193

Un regalo para ti | 195

Agradecimientos y fuentes | 197

Índice analítico | 207

INTRODUCCIÓN

En 1937, el crítico literario británico Cyril Connolly inició la redacción de un libro acerca de una pregunta inusual: ¿cómo un escritor puede crear algo que dure diez años? En su opinión, la marca distintiva de la grandeza literaria era resistir la prueba del tiempo. Con el espectro de una guerra mundial en el horizonte, la idea de cualquier cosa que sobreviviera a un futuro incierto no carecía en absoluto de agudeza y significado.

En el volumen que escribió, *Enemigos de la promesa*, Connolly exploró la literatura de su tiempo y los retos permanentes de la producción del gran arte. Examinó también con franqueza por qué, siendo un escritor de talento, sus títulos anteriores no habían tenido éxito comercial. *Enemigos de la promesa*, un libro nada convencional, fue una sugestiva búsqueda de las preguntas que los artistas se han hecho desde siempre a sí mismos y a otros.

Si consideramos que este escritor creía que estaba calificado para determinar lo que contribuye a crear una obra *duradera*, enfrentamos una seductora serie de interrogantes: ¿cuál fue el destino de su trabajo? ¿Cuánto tiempo sobrevivió un libro sobre la perdurabilidad? ¿Connolly pudo dar en el blanco que se fijó? Al modo de un Babe Ruth literario, ¿lanzó finalmente la pelota en la dirección deseada?

Pese a que no fue nunca un éxito cultural, ese libro poco común soportó en definitiva guerras, revoluciones políticas, modas, divorcios, nuevos estilos (que se volvieron viejos y fueron sustituidos por otros más recientes), grandes trastornos tecnológicos y mucho más. Duró en principio una década; en 1948, diez años después de que se le publicó, tuvo su primera reimpresión, con un agregado. Se le reimprimió de nuevo sesenta años más tarde, y ahora estamos aquí hablando de él otra vez.

Connolly logró una cosa que pocos artistas consiguen: crear algo que resistiera la prueba del tiempo. Sus palabras siguen vigentes y se leen todavía. Se le citó en su momento y actualmente (en especial sus mordaces ocurrencias como "No hay peor enemigo del buen arte que una carriola en el pasillo" y "Los dioses empiezan por llamar 'promesa' a quien quieren destruir"). Su libro no sólo lo sobrevivió a él, sino que también a casi todo lo demás que se publicó en esa época; lo que aseguró que Connolly tuviera un grupo de devotos lectores décadas después de su muerte. Dado el tema del libro, lo que más impresiona es que tal éxito no fue accidental; resulta obvio que él lo buscó de manera consciente y lo alcanzó. Hoy, mucho tiempo más tarde, sus teorías sobre el proceso creativo mantienen su relevancia, por lo menos para mí, ya que sirvieron de inspiración para el libro que lees en este momento.

¿No es cierto acaso que todas las personas creativas nos empeñamos en alcanzar un éxito duradero? ¿En producir algo que se consuma (y venda) durante años, ingrese en el "canon" de nuestro campo o industria, se vuelva seminal y rinda dinero (e impacto) mientras nosotros dormimos, incluso después de que hemos pasado a otros proyectos?

Se ha dicho que las novelas de James Salter son "imperecederas"; un traductor del escritor disidente Alexandr Solyenitsin observó una vez que la escritura de éste posee una "actualidad inmutable"; uno de los biógrafos de Bob Dylan señaló que, aunque muchas de sus canciones tratan de sucesos memorables de los años sesenta, su música continúa viva y "trascendió su época". ¡Qué frases! ¡Qué manera de decir lo que muchos de nosotros querríamos lograr! No sólo los músicos o escritores; en su forma más pura, también los emprendedores, diseñadores, periodistas, productores, cineastas, comediantes, blogueros, expertos, actores, inversionistas y cualquier otro sujeto que realiza trabajo creativo intentan justo eso: tener impacto y sobrevivir.

No obstante, es innegable que la mayoría de nosotros fracasamos en ese propósito. ¿Por qué? Para empezar, porque cumplirlo es muy difícil; si lo piensas mucho, podrías acabar en un manicomio. Aunque ésa no es la razón por la cual los creativos no logran realizar una obra que dure diez minutos, ya no digamos diez años; lo cierto es que no existe la posibilidad de lograrlo. En términos estratégicos, los creativos jamás tienen una oportunidad, van en la dirección equivocada, a pesar de cualquier incentivo, ejemplo, guía práctica y hasta los comentarios de los bienintencionados críticos y admiradores.

No podría ser de otro modo si los principales "líderes de opinión" y "expertos" de negocios nos engatusan con tretas y atajos que optimizan el éxito rápido y obvio. Así, los creadores analizan las listas de los libros más vendidos, cuentan el número de veces que se acciona el botón "Comparte" en las redes sociales o recaudan altas sumas de capital de inversión mucho antes de tener un modelo de negocios. Dicen hacer algo relevante, pero se comparan con cosas insignificantes y no miden su progreso en años sino en microsegundos; desean hacer algo eterno, pero se concentran en los beneficios inmediatos y la gratificación instantánea.

Muchos tomamos atajos en el proceso creativo. A pesar de que queremos ser algo más que un éxito pasajero, no nos detenemos a considerar cómo nuestro trabajo podría ser más longevo y prolongar su fecha de caducidad. En cambio, usamos como punto de referencia todo lo que es popular y llamativo, lo que está de moda y conquista altas ventas. Por ende, tenemos que producir más, comercializar mejor y agotar existencias. Ésta es una maquinaria que avanza velozmente cada día.

No es de sorprender entonces que la gente piense que el éxito creativo es imposible. Con esa mentalidad de corto plazo, prácticamente lo es.

UNA MANERA MEJOR, UN NUEVO MODELO

En cualquier industria —desde la editorial hasta la cinematográfica, restaurantera, teatral y de software—, ciertas creaciones pueden describirse como "duraderas". Con esto quiero decir que, por mal que les haya ido durante su lanzamiento o por escaso que haya sido el público al que llegaron, esos productos tuvieron un éxito sostenido y cada vez más clientes conforme el paso del tiempo. Son los productos que consumimos más de una vez y que recomendamos a otros, incluso si ya no están de moda ni son flamantes. Por tanto, son duraderos, confiables y fuentes de dinero no reconocidos debidamente, que rinden una especie de anualidad a sus dueños. Como el oro o la tierra, suben de valor con el tiempo, porque son siempre valiosos para alguien, en algún lugar. En otras palabras, no son simplemente creaciones duraderas; son *productos de venta duradera*.

Tómese como ejemplo la película *The Shawshank Redemption* (Sueño de fuga). Pese a que fracasó en la taquilla —no se exhibió en más de mil pantallas y apenas recuperó su presupuesto de producción en la venta bruta de boletos—, en años posteriores ha generado más de 100 millones de dólares. Actores menores de esa cinta reciben cada mes un cheque de más de ochocientos dólares por derechos de distribución. Si enciendes tu televisor este fin de semana, es probable que la veas proyectada en algún canal.

Ubicado junto al Staples Center de Los Ángeles, el Original Pantry Cafe abre las veinticuatro horas del día, los siete días de la semana, todo el año, desde 1924 (también es famoso porque sus puertas no tienen cerraduras). Conocido como el Pantry por sus asiduos, ha acumulado más de 33 mil días (792 mil horas) de venta de desayunos y el ocasional filete. Casi todas las mañanas, personas que quieren entrar forman una fila afuera. Lo único que ha cambiado ahí en noventa y tres años son los precios, que han aumentado con renuencia tras un siglo de inflación. Unas cuadras más allá está la Clifton's Cafeteria, que ha servido comida desde 1935 (e inspiró parte de la imaginativa personalidad de Disneylandia); de cuya pared cuelga el anuncio de luz neón más longevo de todo el mundo, el cual ha estado encendido durante más de setenta y siete años.

De chico, mi banda favorita era Iron Maiden, el grupo de heavy metal. Pese a que ya se le transmite poco en la radio, ha vendido más de 85 millones de álbumes durante una carrera de cuatro décadas. Incluso hoy, es común que en cualquier parte del mundo se agoten las localidades de sus conciertos, para 30 mil o hasta 60 mil personas.* ¿Cómo es posible que esta banda supere a Madonna en reproducciones en Spotify (160 millones de sus cinco mejores melodías, contra 110 millones de ella)? ¿Cómo lo consiguieron? ¿De qué modo pudo suceder esto?

Esto no quiere decir que vender música sea la única vía a la perdurabilidad en esa industria. ¿Has observado alguna vez a un baterista que toque platillos Zildjian? Seguro que sí, si has visto en acción a Dave Grohl (de Foo Fighters y Nirvana), Keith Moon (de The Who) o Phil Collins. La

---

* Lady Gaga lo sabe: "Cuando la gente me decía: 'Eres la nueva Madonna', yo contestaba: 'No, soy la nueva Iron Maiden'".

compañía Zildjian se fundó en Constantinopla en 1623 y lleva *cuatro siglos* haciendo platillos.

La fábrica de tijeras Fiskars ha estado en funcionamiento desde 1649. La de velas de alta calidad Cire Trudon se remonta también al siglo XVII; bien puede ser que deba su fama a proveer velas a las cortes de Luis XIV y Napoleón, pero es todavía una compañía en crecimiento; abrió su primera tienda en Nueva York en 2015.

He aquí algo aún más enloquecedor: esas empresas seguirán existiendo con toda seguridad dentro de diez años. Aunque deba hacer cambios en ediciones posteriores, me atrevo a afirmar que el Pantry, *Shawshank*, Iron Maiden y Zildjian todavía serán fuertes entonces, a menos que ocurra una tragedia. Éstos son casos de un fenómeno que en economía se conoce como el efecto Lindy,* así llamado en alusión a un célebre restaurante —donde gente del espectáculo se reunía a hablar de las tendencias de su medio—; tal precepto sostiene que la posibilidad de que algo perdure aumenta cada día. O como lo dijo el escritor e inversionista Nassim Taleb: "Si un libro ha circulado cuarenta años, es de esperar que lo haga otros cuarenta. La diferencia es que, si sobrevive diez más, circulará cincuenta más. [...] Cada año de supervivencia duplica la esperanza de vida adicional".

En otras palabras, los clásicos no dejan de serlo, y se consolidan más cuanto más tiempo pasa. Esto es como ganar intereses del trabajo creativo.

Hace años, brillantes mentes financieras entendieron esta realidad de las industrias creativas. En los noventa, el banquero Bill Pullman ideó un método de inversión que permitía a los dueños de derechos de canciones valiosas obtener bonos con base en el flujo futuro de ingresos de esos bienes duraderos. Hoy se les llama "Bowie Bonds", porque el ya desaparecido David Bowie amasó 55 millones de dólares en regalías.**

En 1986, el emprendedor Ted Turner adquirió los estudios cinematográficos MGM y United Artists por poco más de 1.5 millones de dólares. Apenas tres meses después, agobiado por la deuda de ese par de compañías, decidió liquidarlas en fracciones, gran parte de las cuales regresaron a su dueño anterior en lo que se interpretó como una pérdida mayúscula, cuando en realidad fue una de las operaciones más brillantes en la historia

---

* El Lindy se inició en Broadway en 1921 y tiene a la fecha dos sedes en Manhattan.
**¿Cuál era la vigencia de los Bowie Bonds? ¡Diez años!

de la industria del entretenimiento. Turner conservó la filmoteca de MGM y los derechos de transmisión en televisión de películas clásicas como la muy exitosa *Gone with the Wind* (Lo que el viento se llevó) y de cintas tan sólidas como *Network* (Poder que mata), *Diner*, *Shaft* y *The Postman Always Rings Twice* (El cartero siempre llama dos veces). En conjunto, estas cintas generarían ingresos por más de 100 millones de dólares al año y cuando surgieron canales como Turner Network Television (TNT) y Turner Classic Movies (TCM) se les proyectó sin parar. Fue así como Turner erigió un multimillonario imperio de productos de venta duradera en las narices de la gente desdeñosa que preguntaba *con sorna*: "¿Qué harás con un montón de películas viejas que ya nadie quiere ver?"

Lo deslumbrante de esto fue que esos productos de venta duradera —grandes o pequeños— no sólo se negaron a desaparecer o caer en el olvido; se fortalecieron más cada día. Las obras de Homero y Shakespeare, así como las de otros dramaturgos y filósofos del pasado que se cuentan en cientos —disponibles en línea sin costo alguno—, todavía venden miles de ejemplares al año. *Star Wars* (La guerra de las galaxias) no dejará de producir dinero de modo repentino; de hecho, las ganancias de esta franquicia aumentan más que nunca, cuarenta años después de su concepción. Aunque tampoco todos los "clásicos" son obras sobresalientes de talento excepcional. En 2015, los álbumes musicales de catálogo —títulos con al menos dieciocho meses de antigüedad— superaron en ventas a los lanzamientos, por primera vez en la historia de ese ramo. Los álbumes que tus padres oyeron de chicos, el disco que te gustaba en la preparatoria, los temas que despegan luego de un lento inicio vendieron más que todos los artistas de los primeros lugares de popularidad y los sencillos más demandados.

Año y medio es poco tiempo. En comparación con lo que hicieron George Lucas o Shakespeare, diez años no son mucho tiempo tampoco. ¿Por qué entonces parece tan difícil sobrevivir ese periodo? ¿Por qué da la impresión de que muy pocos lo intentan? ¿Y esta renuencia —o ignorancia deliberada— acaso no representa una oportunidad para que quienes admiramos a esos artistas excéntricos lo intentemos?

UNA FASCINACIÓN DE POR VIDA

Cuando era adolescente, me gustaba todo lo antiguo. Mis bandas favoritas habían dado a conocer su primer álbum antes de que yo naciera y mantenían su vigor décadas después (las que sobreviven lo mantienen todavía, por fortuna). Cuando estaba en la preparatoria leí por primera ocasión *El gran Gatsby*, y me impresionó que algo ideado para ser tan propio de su época —la era del jazz— tuviera una presencia eterna medio siglo más tarde. Incluso los filmes que más me agradaban no los veía en el cine sino en la televisión: eran las llamadas películas clásicas.

A principios de mi carrera fui asistente de investigación de Robert Greene, cuya obra maestra de tema histórico *Las 48 leyes del poder* llegó a las listas de popularidad una *década* después de que se publicó; desde entonces ha vendido más de un millón de ejemplares, se ha traducido a varios idiomas y sospecho que en cien años más se leerá *todavía*. El primer libro en el que trabajé profesionalmente fue *I Hope They Serve Beer in Hell*, del controvertido bloguero Tucker Max. Éste recibió un adelanto de 7 mil dólares de una pequeña editorial, luego de que casi todos los sellos lo rechazaron, pero vendió más de 1.5 millones de ejemplares de su libro, que permaneció en las listas de los más vendidos seis años consecutivos. Un producto de venta duradera y algo más: este título celebró hace poco su décimo aniversario y vende aún trescientos ejemplares a la semana.

Tiempo después fui director de mercadotecnia de American Apparel, cuya ropa de mayor venta no era la que estaba de moda sino las camisetas, ropa interior y calcetines clásicos. El fundador de la compañía me dijo en una ocasión que su meta había sido fabricar ropa que la gente comprara en el futuro en tiendas tradicionales. Ese énfasis en productos esenciales bien hechos, aunado a una mercadotecnia creativa y sugerente, contribuyó a que American Apparel haya vendido hasta ahora millones de prendas, tras dos décadas en el ramo.

Ésa fue mi educación en el arte de los productos de venta duradera: cómo operan, de qué se componen y por qué importan, desde un punto de vista tanto personal como de negocios. Apliqué esos conocimientos a la creación de mi compañía, Brass Check, que ha constituido un nicho de impulso para que sus clientes creen y comercialicen obras *duraderas*. Los escritores con los que trabajamos han vendido más de 10 millones de ejemplares, han permanecido setecientas semanas en las listas de los más vendidos y han sido traducidos a casi cincuenta lenguas. Algunos medios de comunicación que han sido nuestros clientes, como *The New York Observer* y Complex, han incrementado su tráfico de usuarios en forma silenciosa pero espectacular. Una de las nuevas empresas que asesoro es un club de discos de vinilo, un modelo de negocios (y, sorpresivamente, un medio) que ha prevalecido.

Incluso he tratado de aplicar a mis textos esa manera de pensar a contracorriente. Aunque no creo haber hecho obras maestras que duren mil años, confieso humildemente que la longevidad ha sido el propósito de mi trabajo. He intentado inspirar mis libros en la mentalidad duradera y ya empiezo a ver los resultados de esos esfuerzos. No sabrías esto si te atuvieras a las listas de popularidad de *The New York Times*, pero hasta la fecha se han vendido ya más de 400 mil ejemplares de mis libros en más de veinticinco idiomas, un volumen que crece sostenidamente. Pese a que quizá dejen de circular dentro de un tiempo, un día más aumenta las posibilidades de que sobrevivan otro.

Cómo lograr que algo dure —unos meses más que el promedio o un siglo— ha sido mi fascinación toda la vida y se ha vuelto también una cuestión central para mi subsistencia. ¿Existe una mentalidad creativa común detrás de las obras que perduran? ¿Qué las distingue de las que son populares un día y desaparecen al siguiente? ¿Cómo conciben sus creadores el lenguaje con el que presentan su trabajo? ¿Qué clase de relaciones establecen con sus fans y seguidores? ¿Hay un estándar de productos de venta duradera que podamos aprender?

Ésas son las preguntas que me motivaron a escribir este libro y a efectuar la investigación necesaria. En estas páginas analizaremos sus múltiples formas, industrias y épocas; el inmenso trabajo que implica crear obras que resistan la prueba del tiempo, y también cómo se les posiciona y comercializa, cómo se forja una carrera a su alrededor y cómo se evita caer en la seducción de la fama a corto plazo para enfocarse en la auténtica joya de la corona: el éxito y renombre a largo plazo.

En busca de respuestas conversé con incontables personas, desde Craig Newmark, de Craigslist, el legendario productor musical Rick Rubin, hasta Jane Friedman, cuya compañía, Open Road, publica, en asociación con sus respectivos herederos, a escritores inmortales de la talla de Thomas Wolfe, Isaac Asimov y H. G. Wells. Entrevisté a agentes, mercadólogos, publicistas, emprendedores, dueños de empresas y académicos preguntándoles cómo crear cosas que perduren. Y en mi compañía puse a prueba algunos de mis hallazgos, a menudo con resultados sorprendentes.

¿UNA DÉCADA, UN SIGLO? ¡IMPOSIBLE!

Los creadores de grandes obras intimidan. Cuando los contemplamos, es fácil que pensemos: "Son mejores que yo, son especiales, fueron elegidos por los dioses; sólo los genios son capaces de alcanzar tanto éxito y sólo la inspiración de las musas puede tener esas consecuencias". Todo se reduce a la persona indicada en el momento adecuado y el lugar correcto.

El gran número de individuos de la industria del entretenimiento que me contaron alguna versión de "Hoy sería imposible hacer algo así" refiriéndose a espectáculos clásicos y obras brillantes resulta desconcertante y desalentador. ¿Ese argumento no es deprimente, derrotista y fatalista? Sin duda crear obras asombrosas y duraderas será imposible si se convence a todos de que es algo que no puede hacerse ex profeso.

He visto a clientes hacerlo muchas veces, para saber que la longevidad no es un accidente. Cualquiera que estudie la historia de la literatura, el cine o el arte verá que, aunque la suerte es desde luego un factor importante, el éxito perpetuo también es consecuencia de las decisiones, prioridades y productos correctos. Hay demasiados rasgos en común entre los productos de venta duradera de muy distintos medios e industrias como para que la suerte sea el factor único. Con la mentalidad precisa, el proceso adecuado y el conjunto exacto de estrategias de negocios, tú puedes elevar la probabilidad de que tu obra se sume a las filas de esos clásicos. Su triunfo puede ser tuyo.

Sin embargo, el enfoque común del creador promedio es confiar en la suerte. Por si fuera poco, solemos atender a los indicadores equivocados para medir nuestro éxito, por lo que disminuimos nuestras probabilidades de longevidad. Producir un clásico entrañable que dure cien años quizá sea mucho pedir; de acuerdo, dejemos eso de lado y empecemos por crear algo que permanezca más que el promedio.

Una flor puede durar más que ciertas películas en las que se destinaron millones. Los inversionistas inundan el mercado con empresas que cambian más rápido que lo que un venado tarda en mudar sus cuernos. El jugador promedio de la NFL tiene una carrera más larga que el lapso que se le concede a un libro para que empiece a caminar.

Comencemos por rechazar esos supuestos erróneos y por interiorizar las buenas prácticas de quienes han conseguido un éxito mediano y duradero, para que optimicemos las posibilidades de alcanzar una posición parecida a la de quienes han hecho algo duradero. Seamos ambiciosos de verdad.

Con ese fin, este libro no será uno más sobre mercadotecnia, aunque ese tema formará parte esencial de su contenido. En él se examinará cada paso del proceso que va del acto creativo al establecimiento de un legado. Te enseñará a:

- Producir algo capaz de resistir la prueba del tiempo
- Perfeccionar, posicionar y presentar esa idea en una propuesta persuasiva y duradera
- Desarrollar canales de mercadotecnia que persistan al cabo de los años
- Atraer a un público y generar una plataforma que perdure en el tiempo

Amo los libros y muchos de mis clientes y lectores son escritores, así que aquí habrá abundante información sobre libros (objeto de estudio nada despreciable, por cierto, pues esa industria registra ingresos anuales por más de 70 mil millones de dólares). No obstante, los principios que se expondrán en estas páginas no se limitarán de ninguna manera a los escritores.

Todos vendemos ideas. Cualquiera que sea la forma en que lo hacemos, el proceso es el mismo. Y si de veras somos buenos para eso y lo concebimos atinadamente, nuestra idea podría venderse por siempre, un infinito número de veces.

Ése es el sueño: ser importantes, llegar a otros, perdurar.

Cumplámoslo.

PARTE I

EL PROCESO CREATIVO

De la mentalidad a la ejecución y la magia

> Entre más libros leo, más claro tengo que la verdadera función de un escritor es hacer una obra maestra y no hay tarea más importante para él.
>
> CYRIL CONNOLLY

Hace unos años tuve una discusión con un amigo. Este individuo —de cuya amistad disfruto y cuyo trabajo respeto— les dijo a aspirantes a creativos en Twitter: "Deben dedicar veinte por ciento de su tiempo a crear contenido y ochenta por ciento a promoverlo".

Este modo de pensar parece correcto. Frases así son fáciles de repetir en conferencias y cocteles; hacen creer que quien las pronuncia forma parte de una nueva y valiente variedad de creadores y no es un dinosaurio antiguo y pesado. A su manera, estas frases también son estimulantes, porque insinúan: "¡Ya no lo pienses tanto y ve a vender lo tuyo!"

Sólo que hay un problema: son un consejo *terrible*.

Tan terrible que el exitoso emprendedor que lo dijo jamás habría llegado donde está si él mismo lo hubiera seguido. No dispone de un público nutrido porque sea bueno para la mercadotecnia; su certera mercadotecnia funcionó porque él contaba con un producto excelente. Él mismo es el ejemplo opuesto a esa forma de pensar. No puedo asegurar que la gente deba su éxito a dedicar una quinta parte de su tiempo a crear y el resto a promover el resultado de su más reciente improvisación.

Aunque en el mundo hay muchos tipos de éxito y priorizar la mercadotecnia y las ventas por encima del producto podría ser causante de algunos de ellos, no es así como se crea el éxito duradero. La obra importante y duradera que perseguimos es distinta, algo que no se apoya en el despliegue publicitario ni en manipuladoras tácticas de ventas; ambos métodos insostenibles que no hacen justicia a una gran obra.

Pese a que venero el desafío, la creatividad y el rigor de la mercadotecnia, me alarma que tantos creadores resten méritos a la creación. Pasan muchas horas en Twitter y Facebook, y no para matar el tiempo sino porque creen que de esa manera obtendrán seguidores y destinatarios de su intrascendente labor. Cuentan con marcas meticulosamente confeccionadas y una imagen impecable, derivada de su trato con los medios. Gastan dinero en cursos y leen libros de mercadotecnia para desarrollar estrategias de venta de cosas que no han generado todavía. Toda esa agitación podría parecer productiva, pero ¿qué propósito busca?

¿Hacer algo que *al final* desaparecerá con el viento?

Aun los mejores publicistas admitirán que, a largo plazo, ni siquiera toda la mercadotecnia del mundo sería capaz de salvar a un producto mal hecho. Ésta es una clásica situación de "Siembra dos veces, cosecha una", en la que cuanto mejor sea tu producto, mejor será tu mercadotecnia; cuanto peor sea aquél, más tiempo tendrás que dedicar a promoverlo; y cada minuto será menos efectivo, de eso puedes estar seguro.

La promoción no vuelve grande una cosa; hace que lo *parezca*. Por eso este libro no comienza con la mercadotecnia sino con la mentalidad y el esfuerzo implicados en el proceso creativo, la parte más importante para elaborar un producto de venta duradera.

LO QUE VALE ES EL ESFUERZO

El primer paso de todo creador que espera alcanzar el éxito duradero —de diez años o diez siglos— es aceptar que eso no tiene nada que ver con la esperanza. Para ser grande, uno está obligado a hacer una gran obra, y esto es sumamente difícil, pero ése debe ser nuestro principal objetivo. El punto de partida tiene que ser un compromiso total y completo con la idea de que nuestra mayor oportunidad de triunfo reside en el proceso creativo.

Las decisiones y conductas que te llevan a crear un producto —todo lo que haces antes de realizarlo— están por encima de cualquier decisión de mercadotecnia, aun la más magnética. Y como veremos más adelante, esas decisiones creativas pueden ser en sí mismas decisiones cruciales de mercadotecnia.

Los bienes de mala calidad no sobreviven. Si falsificas el proceso creativo, le faltas al respeto, haces un producto mediocre, lo comprometes o te dices: "Resolveré el resto después", es muy probable que el proyecto esté condenado al fracaso antes de terminar. La batalla será inútil y costosa. Mira todo lo que ha hecho Microsoft en la última década, del Zune a Bing; esa pobre compañía parece resignada a gastar millones de dólares en comercializar productos que, inevitablemente, le causarán pérdidas. Entre tanto, Office sigue siendo la gallina de los huevos de oro: a más de dos décadas de su aparición, yo edité este libro con él.

A eso se debe que toda la labor previa sea tan importante: la conceptualización, las motivaciones, el ajuste del producto al mercado, la ejecución. Estos factores intangibles son muy relevantes; no pueden omitirse y no pueden dejarse para más tarde.

Si no es con la mira puesta en la mercadotecnia, ¿dónde principia entonces nuestra búsqueda de un producto de venta duradera? Como dijo mi mentor Robert Greene, "empieza con el deseo de *crear un clásico*". Phil Libin, cofundador de Evernote, compañía que elaboró el programa de organización de información personal, afirmó algo que me gusta compartir con mis clientes: "[Quienes] piensan en algo distinto a hacer el mejor producto, nunca lo hacen". No hablamos sólo de llevar a cabo algo sensacional; como explica Paul Graham, legendario inversionista y fundador de la incubadora de compañías Y Combinator, "el mejor recurso para aumentar la tasa de crecimiento de una nueva empresa es que haga un producto tan bueno que la gente lo recomiende a sus amistades".

Esto no ocurre por sí solo, desde luego; debe ser la principal prioridad de los creadores, quienes tienen que verlo como su verdadera ocupación. Deben estudiar las obras clásicas de su área, emular a los maestros e indagar la causa de que su labor haya perdurado. La inmortalidad debe ser su más alta prioridad. Tienen que aprender a ignorar las distracciones; sobre todo, deben anhelar hacer una obra significativa. Pero sé, por experiencia, que ésta no suele ser la meta de quienes habitan el ámbito creativo.

La verdad es que muchos acometen su obra con intenciones poco genuinas. Quieren los beneficios de la expresión creativa, pero ninguna de sus dificultades; quieren la magia sin aprender las técnicas y la fórmula. Cuando vemos como nuestro ejemplo a las grandes obras de la historia, percibimos una cosa: que una creación imponente es una lucha que requiere un sacrificio enorme. El deseo de grandeza duradera permite sobrevivir a esa lucha, hace que ese sacrificio valga la pena.

LAS IDEAS NO BASTAN

La actriz, escritora y comediante Sarah Silverman con frecuencia es abordada por aspirantes a escritores que le piden un consejo profesional; "Quiero ser escritor", le dicen. Ella no los alienta, no asevera que son magníficos ni les pide ver su trabajo. No les dice: "¡Eres capaz de hacerlo!" o "¿En qué puedo ayudarte?", sino que es franca: "*¡Escribe!* Los escritores escriben; no esperes a tener un empleo para hacerlo".

Imagina cuántas personas se permiten cada año fantasías como éstas: "Debería poner una compañía", "Tengo una idea fabulosa para una película", "Me encantaría escribir un libro algún día", "Si me esforzara lo suficiente podría ser...". ¿Cuántas de ellas crees que ponen en verdad una compañía, estrenan un filme, publican un libro o se convierten en lo que piensan que son capaces de ser?

Muy pocas, por desgracia.

Aunque muchos sueñan con ventas duraderas, creen que lo importante es desearlas, no esforzarse por conseguirlas. Un aspirante le escribió al cineasta Casey Neistat para preguntar si podía hablarle de una idea. La respuesta de Neistat fue rápida y brutalmente honesta: "No quiero oír tu *idea*", le dijo; "ésa es la parte fácil".

Expresó de esta forma una verdad esencial que todos los creadores aprenden, en un mundo donde es posible compartir cualquier cosa con sólo oprimir un botón: *las ideas valen poco.* Cualquiera puede tener una; millones de cuadernos y carpetas de Evernote rebosan de ideas que flotan en el éter digital o languidecen en libreros empolvados. La diferencia entre una *idea* y una *gran obra* es el sudor, tiempo, esfuerzo y sufrimiento que hay que invertir en la idea para volverla realidad. Esta diferencia no es insignificante; si las grandes obras fueran fáciles de hacer, muchos las harían.

Si quieres producir algo maravilloso, debes encargarte de su ejecución.

Esta tarea no puede delegarse; no puedes contratar a tus amigos para que lo hagan por ti. No hay una empresa que pueda hacer en tu nombre una obra de arte inmortal a cambio de una cuota fija. No se trata de buscar al socio, inversionista o patrocinador indicado, al menos no todavía. La colaboración resulta esencial, pero si el proyecto es tuyo, el esfuerzo tiene que recaer en ti. Esto es imposible de evitar.

En mi trato con escritores me he dado cuenta de que muchas personas talentosas e inteligentes no quieren escribir el libro que dicen perseguir; quieren *tenerlo*. Personas de esta clase las hay en todas las industrias. Deberíamos compadecerlas, porque nunca lograrán lo que su ego tanto ansía.

También he aprendido que autodenominarte escritor, músico, cineasta o emprendedor no basta para crear una gran obra, en especial en un momento en que es más fácil que nunca llamarte así en tus perfiles de redes sociales, y las tarjetas de presentación, las cuales ordenas en línea para recibirlas al día siguiente, las encargas en una papelería comercial, o las puedes preparar en internet a muy bajo costo.

Como dice el poeta y artista Austin Kleon, "Muchas personas quieren ser el sustantivo sin hacer el verbo". Forjar algo grandioso requiere exigencia: *Debo hacer esto. Tengo que hacerlo. No puedo dejar de hacerlo.*

¿POR QUÉ CREAR?

Muchos quisieran ser deportistas profesionales; pocos lo son. Pensar: "Eso sería divertido", no es la diferencia crítica entre quienes lo logran y los que no. Lo difícil no es el sueño o la idea, sino la ejecución. La imperiosa *necesidad* es lo que determina tus posibilidades. Debes tener una razón —un *propósito*— que te haga estar dispuesto a esforzarte para conseguirlo. Ese objetivo puede ser casi cualquier cosa, pero tiene que estar ahí.

He aquí algunas buenas razones: decir una verdad que no se ha dicho en mucho tiempo, avanzar porque ya quemaste las naves, tu familia depende de eso, el mundo será mejor gracias a tu proyecto, necesitas inventar una manera nueva de hacer algo porque la antigua es obsoleta. Debes hacer algo porque es una de esas cosas que pasan sólo una vez en la vida o porque ayudará a muchas personas, o quizá quieres provocar algo significativo o sientes una emoción incontenible.

Éstos son los estados de ánimo —no intereses pasajeros o parciales— con que se crean las grandes obras de arte y deberías buscarlos. El deseo de impresionar a tus amigos, o de hacer algo porque lo consideras seductor o porque lo que te importa es el dinero fácil, no será ni siquiera remotamente suficiente.

Crear algo es un acto hermoso y valiente. El arquitecto, el escritor, el artista: todos generan algo donde antes no había nada. Crear algo mejor que cualquiera es más audaz todavía. Sentarse frente a la computadora o con una libreta y vaciarte ahí es un proyecto temible, pero quien lo haya hecho podrá decirte que es también un proceso que revitaliza porque le aportas algo al mundo, te relacionas con los demás, resuelves un problema por ellos. Sientes que la obra sale de tus manos... y la ves llegar a otra persona. Expresas una verdad que otros han tenido miedo de formular, en cualquiera de sus formas. Recoges ciertas experiencias y las preservas para la posteridad. Todo esto es una manifestación de tu aptitud para aportarle al planeta, alterar el curso de la historia, escapar de la muerte y entrar en la mente de los demás.

Hay una razón de que tantos artistas persistan, en medio de obstáculos insuperables —incluso el hambre—, en la ejecución de su obra: ésta es una de las actividades más grandes y satisfactorias que hay en el mundo.

Y es importante. Puede hacer una diferencia. Puede cambiar a la gente. Puede rendir también mucho dinero y hasta volverte famoso, aunque estos dos últimos beneficios son secundarios.

La pregunta es: ¿por qué creas? ¿Por qué pones la pluma sobre el papel y te sometes a todas las dificultades que enfrentarás en el camino? ¿Qué te motiva? Las respuestas a estas interrogantes determinarán la probabilidad de tu éxito.

No es cuestión de "pureza" sino algo más simple. Compara dos creadores, uno al que le importa poco lo que hace y mucho lo que su creación puede hacer por él (ganar dinero) y otro que se sienta y diga: "Ésta será la obra de mi vida" o "Ésta es mi misión en este planeta". ¿Por cuál de los dos apostarías?

Todo proyecto debe iniciarse con la intención correcta. Quizá deba también tener suerte, ser oportuno y cumplir mil requisitos más, pero la intención correcta es imprescindible y por fortuna está bajo tu control, en alto grado.

¿QUÉ SACRIFICARÁS?

George Orwell, autor de los clásicos *1984* y *Rebelión en la granja*, advirtió a posibles escritores sobre los riesgos de la profesión en su ensayo "Por qué escribo". Aseguró: "Escribir un libro es una batalla tan espantosa y extenuante como la que se sostiene con una larga y dolorosa enfermedad. Una cosa así no se emprendería nunca si no fuera a causa de un demonio imposible de resistir y comprender".*

"A causa de un demonio...", considera eso, y también los relatos que oyes siempre sobre los escritores que se apartan de sus amigos, familiares y casi cualquier otra persona o cosa que puedan distraerlos de su trabajo. Imagina a George Lucas arrancándose literalmente el cabello mientras intentaba concluir el primer borrador de *Star Wars*. Considera los casos de artistas perseverantes que renuncian a todo por su obra, incluso a comer a sus horas. El empresario Elon Musk comparó la conformación de una compañía con "comer vidrio y asomarse al abismo de la muerte". El escritor y periodista Hunter S. Thompson dijo en una ocasión que "el medio de la música es una cruel y superficial zanja de dinero, un largo pasillo de plástico donde los ladrones y proxenetas reinan y los buenos mueren como perros". Y añadió: "Aunque también tiene su lado negativo". Igual podría haberse referido a cualquier otra industria creativa, así como el actor y director Warren Beatty podría haber aludido a la sensación de poner un negocio o al periodo de incubación de un libro cuando usó la metáfora del vómito para describir el proceso de realizar una película: "No me gusta vomitar", dijo, "pero hay un momento en el que dices: 'Me sentiré mejor si lo hago'". Si algo de esto te parece extremo, quizás este trayecto no sea para ti.

Esas industrias son despiadadas justo porque muchos quieren estar en ellas. Llenan sus filas no sólo los magnos creadores que llevan a cabo las tareas difíciles, sino también muchos que hacen literalmente cualquier cosa para evitar esas tareas al tiempo que mantienen sus posiciones (o ilusiones) de poder. Esto compone un entorno sofocante que se devora a muchos de los que entran a él ingenuamente con toda suerte de ideas presuntuosas

---

* El escritor John McPhee dijo lo propio con un poco menos de dramatismo: "Escribe de temas que te interesen lo suficiente como para que puedas superar sobre la marcha todas las interrupciones, inicios, titubeos y otros obstáculos".

sobre lo importantes que son para una industria que, en el mejor de los casos, se muestra totalmente indiferente a sus sueños.

En la presentación de uno de mis libros, una adolescente me preguntó qué se necesita para ser escritor. Exhausto luego de una carrera de dos años para crear ese libro, en ese instante no se me ocurrieron palabras de aliento. Lo único en lo que pude pensar fue en lo que ese libro había implicado (todo lo que yo tenía, para decirlo en pocas palabras) y en lo que yo había arriesgado al escribirlo (algunas relaciones más que nada, aunque también la apuesta por hacer algo nuevo y diferente que podía fracasar) y eso fue lo que le dije. Que ser escritor demanda de ti *todo* lo que tienes; cité asimismo aquella frase de Orwell. "Debes ser escritora", añadí, "sólo si es imposible que *no* lo seas". Mi esposa me dijo más tarde que quizás había desalentado a esa muchacha. Si lo hice, no lo lamento; porque una vez que superas la ausencia de las empalagosas palabras motivadoras, descubres que las explicaciones honestas acerca de lo que es necesario para cumplir tus propósitos son las que más te inspiran.

Piensa en el futbolista suplente que se la pasa entrenando dos veces al día, durante todo el verano, para que se le dé la oportunidad de integrarse al equipo titular. En el escritor que trabaja de noche, mucho después de que todos se han acostado, porque ése es el único momento tranquilo de que dispone. En el artista que explora los periodos más oscuros de su vida. En el músico que da otro concierto en un lugar en el que es probable que no se le pague, sólo para conseguir algunos aficionados más. En el comediante que persevera pese a que en ocasiones fracase en el escenario, porque sabe que esto forma parte del proceso y que cada vez lo hace un poco mejor.

Sean éstos lugares comunes o imágenes incitadoras, el sacrificio que suponen es cierto. Hablar de ellos es fácil; vivirlos, no tanto. La verdad es que renunciar a algo en favor de tu obra no sólo es necesario, sino también gratificante.

De la perseverancia se desprende el significado. Del esfuerzo procede el propósito. Para crear algo relevante e imponente, debe impulsarte una fuerza interior igual de intensa. Si hay algo que idealizar en el arte es la tenacidad y dedicación requeridas para hacerlo bien y la fuerza propulsora que hace todo posible.

En el curso de la creación de tu obra te verás obligado a preguntarte: "¿Qué estoy dispuesto a sacrificar para llevarla a cabo? ¿Renunciaré a X, Y,

Z?". La disposición a dar algo a cambio —tiempo, comodidad, dinero fácil, reconocimiento— está en el corazón de cada obra notable. A veces más, otras menos, pero siempre tiene que *hacerse* un sacrificio significativo. Si no fuera así, todos ejecutarían obras de esa clase.

ES UN MARATÓN, NO UNA CARRERA DE VELOCIDAD

Cualquiera que haya pasado la prueba de forjar un gran producto —o visto el desarrollo completo de un producto promedio— sabe que es un proceso agotador. Despiertas durante semanas, meses o años pero nunca estás en esencia más cerca del final que cuando empezaste. Considera la construcción de La Sagrada Familia de Barcelona, cuyos cimientos se colocaron en 1882, pero cuya conclusión está prevista para 2026, en el centenario de la muerte del arquitecto; entre tanto habrán transcurrido meses, años y décadas. La Capilla Sixtina tardó cuatro años sólo en ser pintada; su planeación y construcción se prolongó mucho más. Matthew Weiner pensó años en la serie de televisión *Mad Men* antes de que la escribiera. Cuando terminó el primer episodio estaba todavía muy lejos del final —y aun de la mitad—, porque nadie quería el programa. Él decía que era su amante y por años lo llevó consigo en una bolsa mientras trabajaba en otros proyectos y su programa era criticado y rechazado sin cesar. Desde que comenzó hasta que emprendió la producción del programa piloto, siete años después, sucedieron muy pocos progresos visibles (transcurrió un año más antes de que grabara el segundo episodio). Pese a que su paciencia fue generosamente recompensada más tarde, no hay que olvidar que incluso cuando por fin se le dio luz verde para hacer su amado programa fue apenas el *inicio* de siete arduos años más de escritura, dirección y grabación. El arte es un maratón en el que cruzas la línea de meta y en lugar de que se te cuelgue una medalla en el cuello, te conducen con firmeza de los hombros para llevarte a otro maratón.

Por eso quise indagar sobre tu motivación. Por eso la intención tiene un impacto tan grande en tu aptitud para perseverar y sobrevivir. Porque serás puesto a prueba, no una sino muchas veces.

Es inevitable que en cada obra creativa haya una crisis y un punto bajo. Todos hemos caído en lo que el escritor y mercadólogo Seth Godin llama "la hondonada", una crisis existencial en la que tenemos que preguntarnos: "¿Esto vale la pena?" Y no será el deseo de ser ricos o famosos lo que nos saque de ese valle de desolación; tendrá que ser algo más profundo y significativo.

El cineasta James Cameron escribió en 1994 el primer borrador de *Avatar*. Se supone que la filmaría cuando terminara *Titanic*, en 1997, pero no pudo hacerlo, porque la tecnología cinematográfica no estaba aún a la altura de su visión de ese proyecto. Pese a que hizo varias pruebas en las que usó diversas tecnologías y técnicas de cine, ninguna resultó afortunada. Él habría podido proseguir con uno de los muchos proyectos que estaban listos en su escritorio, pero no fue así; dedicó los años siguientes a crear *la tecnología que necesitaba*. Una vez que ésta cumplió sus estándares, pasó los cuatro años posteriores produciendo la película, que se estrenó en diciembre de 2009. Cameron revolucionó el cine de captura del movimiento en 3D y *Avatar* obtuvo el mayor récord mundial de taquilla de todos los tiempos, superior en más de 500 millones de dólares al segundo lugar —*Titanic*—, ¡también obra suya! Él es una de las más grandes mentes creativas de su generación o de cualquier otra. Basta imaginar todos los apuros que soportó y las oportunidades que sacrificó en ese lapso de quince años para hacer *Avatar*.

Si no estás seguro de poseer una motivación así o si todo esto te resulta desagradable (hasta cierto punto lo es), quizá tenga sentido que abandones ahora mismo esta senda. Te alegrará haberlo hecho; eso no tiene nada de vergonzoso. Zappos y Amazon les pagan a sus empleados que desertan luego de un periodo de prueba de noventa días; los alientan a aceptar una compensación única de 5 mil dólares. ¿Por qué? Porque no todos son aptos para ese empleo y es mejor saberlo antes que después.

LAS COSAS GRANDIOSAS SON INMORTALES Y CONSUMEN MUCHO TIEMPO

Drake rapeó en su tercer álbum:

> De oír a quién admiras hoy, estoy cansado
> a ver quién sigue en pie de aquí a diez años

Pasaba por el mismo aprieto que Cyril Connolly, en una industria basada en hits y en "¿Qué tiene más aceptación en este momento?". A muchos músicos les interesa ser populares —hacerse ricos y vivir *ya* como estrellas de rock—, así que piensan poco en lo que permanecerá con el paso del tiempo.

Si lo *único* que te importa es ganar dinero y hacerlo pronto es lo ideal, un producto de venta duradera no es el camino para ti. Hay maneras mejores y más rápidas de obtener ganancias: trabajar por comisión en algún lado, abrir un restaurante de cocina de fusión, conseguir un empleo en Wall Street o poner un dispensario médico de mariguana. Crear algo vivo —capaz de cambiar el mundo y de seguir haciéndolo por décadas— requiere no sólo veneración por el oficio y respeto al medio, sino además mucha paciencia con el proceso.

Por *paciencia* no me refiero únicamente a la cantidad de tiempo que la creación consumirá; también a la visión de largo plazo con la que deberás evaluar tu labor. Y esta visión puede ser *de veras* de muy largo plazo. Considera cuántas obras de arte fueron ridiculizadas y subestimadas en su tiempo, y décadas más tarde fueron consideradas obras maestras. Piensa en los creadores cuya obra fue llamada absurda, pero que luego estableció el canon de un campo o dio origen a una nueva fase cultural.

Dos de los principios fundamentales del famoso "estilo Toyota" —la filosofía que guio durante décadas a esta armadora japonesa de automóviles— enaltecen explícitamente las virtudes de adoptar una visión de largo plazo y respetar el proceso. Comprender que los sistemas y procesos son importantes y que las decisiones deben tomarse con una visión de largo plazo desempeñó un destacado papel en la creación de productos de venta duradera como el Corolla y el Camry. Ésos son principios que todos los integrantes de dicha compañía —desde el director general hasta el departamento de mercadotecnia y los trabajadores de las líneas de montaje— tienen que cumplir cada día.

Lo mismo puede decirse de nuestra obra, aun si no fue concebida para durar tanto o en una escala tan internacional.

Alexander Hamilton, uno de los padres fundadores de Estados Unidos, produjo muchas obras durante el curso de sus escasos cincuenta años en este mundo, muchas de ellas dirigidas a defender las instituciones que él y los demás fundadores implantaron entonces. Como observa su biógrafo

Ron Chernow, llama la atención que casi toda su obra sea "periodística", en esencia, reacciones a sucesos de actualidad. Sin embargo, sus "textos de circunstancias" —como *The Federalist Papers* y el discurso de despedida de George Washington, que él redactó en gran medida— *"han perdurado porque en ellos dilucidó principios eternos detrás de hechos contemporáneos"* (las cursivas son mías).

Si alguna vez te has visto en una situación peculiar de la vida moderna y le dijiste después a un amigo: "Fue como en ese episodio de *Seinfeld* en el que George..." o "Como en aquel otro en el que Kramer va...", o usaste la frase "mojar dos veces la papa" o acusaste a alguien de "re-regalar" o de ser un "hablante en corto", ya has experimentado esto. Escrita con el oficio de un comediante, la serie *Seinfeld* trascendió el periodo en que se le produjo principalmente porque, como muchos otros clásicos, se centró en lo eterno de los sucesos del momento. *Friends*, programa de la misma época, se centró en cambio en sus atractivos y cada vez más famosos personajes a expensas de esos temas, y aunque cada episodio llevaba por título "Aquél en el que...", hoy muy pocas personas se refieren a él de esa manera. Es obvio que ambos programas fueron sumamente populares, pero uno de ellos fue un éxito duradero mientras que el otro es una remembranza cultural cada vez más remota.*

Es mejor hacer lo que hacen Hamilton, Seinfeld y Jeff Bezos, el fundador de Amazon, quien les recuerda a sus empleados: "Concéntrense en lo que no cambia".

No podrás forjar algo que perdure si se basa en aspectos o partes que no durarán o si lo sometes a la impaciencia propia del aficionado. El proceso creativo requiere no sólo tiempo y trabajo, también una visión a largo plazo. Aun si estás sujeto a fechas límite o alguien te respira al oído, ¿que te hayas tomado dos días extra para concluir tu labor parecerá un exceso dentro de un año? ¿Que te hayas tomado diez días o hasta diez semanas extra parecerá demasiado en una década?

---

* Me agrada esta pregunta relacionada con eso: ¿recuerdas una sola frase de *Avatar*? Siendo como fue la película con más ingresos brutos de todos los tiempos, es evidente que tiene sus méritos y muchos la cuentan entre sus favoritas, pero ¿no es curioso que la hayamos olvidado por completo? ¿Un mejor guion o diálogo podría haber hecho de ella un fenómeno cultural más influyente?

Cuando trabajaba en mi primer libro, discutí con la editorial sobre la fecha de aparición. Ellos querían que me tomara mi tiempo, pero como el libro abordaba temas contemporáneos yo creía tener un lapso muy corto para terminarlo y lanzarlo, y consideraba que si lo excedía perdería mi oportunidad. El problema no era que tuviera menos lectores al final sino que, si la obra no se publicaba *ya*, no tendría *un solo lector*, algo de lo que yo estaba absolutamente convencido; claro que era ridículo, era la ingenuidad de un escritor que publica por primera vez. Para mi sorpresa, la edición rústica corregida de mi denuncia del sistema mediático en línea, que apareció más de tres años después de que yo concibiera la idea, no sólo se vendió más que la edición original en pasta dura, sino que se sigue vendiendo hasta la fecha.

Años más tarde leí uno de los libros del gran escritor Stefan Zweig, en el que narra una conversación similar con un amigo mayor y más prudente. El amigo lo animaba a viajar, convencido de que esa experiencia le ayudaría a ampliar y profundizar sus textos. Como yo, Zweig creía que tenía que escribir ya y no podía esperar; sentía la urgencia del escritor primerizo. "La literatura es una profesión maravillosa", explicó con paciencia su amigo, "porque no corre prisa; si un libro muy bueno se realiza un año antes o un año después, da lo mismo."

El arte no puede apresurarse. Debemos permitir que siga su curso, que tenga su espacio y no se le puede apurar ni someter a una lista de requisitos, como ocurre con tantas otras cosas.

La antigua idea de "Si vas a hacer algo, hazlo bien" ocupa el núcleo de las grandes empresas. Sin duda provoca que las cosas sean un poco más temibles, pero es indispensable si tu propósito es la grandeza duradera. Como explicó Larry Page, cofundador de Google: "Incluso si fracasas en tu proyecto, es difícil que fracases del todo. La gente no entiende eso".

CORTO VS. LARGO PLAZO

¿Sabes quiénes sí se precipitaron? La mayoría de los que iniciaron "empresas" justo antes de la primera explosión de negocios en internet, los que crearon apps para Myspace, o clones del sitio de ofertas Groupon, los códigos de barras bidimensionales o pastelillos gastronómicos. Piensa en quienes se apresuraron a ser los primeros usuarios de Google Glass o Google Plus.

En ese momento, tales ideas parecían muy apremiantes. Su ambición, su línea cronológica: ambas cosas tenían que ver con lo instantáneo. Nuevas industrias se propagaban como la maleza; patrocinadores, editores y clientes hacían cola para invertir dinero en ellas; los medios de comunicación sacaban, como pan caliente, notas en torno a ese asunto. Eran naves espaciales y había que subirse rápidamente a ellas y dirigir su crecimiento. Peter Thiel, fundador de PayPal y el primero en invertir en Facebook, advierte que ésas son justo las oportunidades que deben evitarse. Para empezar, hay demasiada competencia; en segundo término, el despliegue publicitario impide saber si es realista el potencial a largo plazo, cosa que perseguimos en este libro. "Si sólo te fijas en el crecimiento a corto plazo", escribió Thiel, "pasarás por alto la pregunta más importante: ¿este ramo seguirá en pie dentro de una década?" (como puedes comprobar, el tema de los diez años es recurrente).

A lo largo de la historia de los negocios, la gente ha identificado tendencias y se ha apresurado a capitalizarlas. Algunas personas acertaron; la mayoría tuvo que cerrar sus negocios con igual premura cuando cambiaron los gustos. El primer paso esencial para crear un negocio o proyecto duradero es no cometer ese error.

Cierto sesgo de inmediatez y disponibilidad es inherente a las decisiones que toman muchos creadores —*ahora o nunca*—, pero es raro que el tiempo sea benévolo con ellas aun si generan dinero a corto plazo. He oído decir: "Este proyecto no pasa de ser para mí una mera tarjeta de presentación". Aunque entiendo la lógica, ¿quién desea una tarjeta de presentación con fecha de caducidad?*

El riesgo de cualquier creador es tomar demasiado en cuenta lo que ocurre frente a él. Un músico, por ejemplo, podría distraerse con lo que en un momento dado se transmite en la radio; un cineasta podría justificar su decisión de usar cierta paleta de colores o a determinado actor porque ésa

---

* He oído también la comparación de proyectos con grados académicos: "Escribir un libro es el nuevo título universitario". De acuerdo, pero si el libro es mediocre, ¿eso qué indica? Si le pagaste a alguien para que lo hiciera por ti es como si te hubieras graduado de una fábrica de diplomas falsos. ¿Para qué molestarse en hacer otra cosa?

es la tendencia imperante; una nueva empresa podría resolver un problema que afecta a la gente *ahora* y suponer que podrá hacerlo siempre. Esto tiene sentido a corto plazo: la radio es un buen termómetro de los gustos musicales prevalecientes, quizá tus conocidos estén a la vanguardia en algo importante, la nueva empresa podría atinar en su predicción. Pero ¿y si proceder en este momento es una equivocación? ¿Qué tal si las tendencias y mareas cambian? ¿Y si cuando capitalices una de ellas, ya terminó? Una banda, un cineasta o un emprendedor de éxito genuino —cuya carrera dure décadas— deben pensar en grande y a largo plazo.

Considera la franquicia de *Star Wars*. En cierto sentido, estas películas eran sin duda futuristas y aprovecharon los efectos especiales de vanguardia, a los que debieron en gran medida su atractivo. George Lucas reconoció que su concepto inicial fue una versión moderna de la franquicia de *Flash Gordon*, de la que incluso intentó comprar los derechos. Se apoyó mucho, también, en la cinta japonesa *The Hidden Fortress* (La fortaleza escondida) para la conflictiva relación entre R2D2 y C3PO. Pese a todas estas influencias contemporáneas, su fuente más profunda fue la obra del entonces desconocido mitólogo Joseph Campbell y su concepto del "itinerario del héroe". A pesar de los novedosos efectos especiales, la historia de Luke Skywalker se funda en los mismos principios épicos de Gilgamesh, Homero y la historia de Jesucristo. Lucas llamó a Campbell "mi Yoda", porque le ayudó a relatar "un mito antiguo de una forma nueva". Si lo piensas bien, esos temas épicos de contenido humano son lo que permanece cuando la novedad de los efectos especiales se diluye. ¿Por qué otra razón los quinceañeros de hoy —que no habían nacido cuando se hizo la *segunda* serie de tres películas, y menos todavía la trilogía original— siguen enloqueciendo con estos filmes?

La idea de volver a la raíz de nuestra humanidad es un rasgo común de obras maestras como *Star Wars* y la música de Johnny Cash, Black Sabbath y los Red Hot Chili Peppers, entre otros. Rick Rubin, el productor de estos solistas y agrupaciones, exhorta a sus artistas a no pensar en lo que está al aire en un momento determinado. "Para encontrar tu voz y que importe hoy", dice, "es preferible que escuches la mejor música de siempre a lo que pasan en la radio y pensar: 'Quiero competir con eso'. Debes dar un paso atrás y abarcar un panorama más amplio que lo que sucede en el momento". Los exhorta asimismo a no restringirse a su medio cuando buscan inspiración; es mejor que se inspiren en los excelsos museos del mundo que, por ejemplo, en las *listas de popularidad*.

Pensar en grande —e incluso tratar solamente de imaginar cómo será el mundo dentro de diez años— es tan incitante como aterrador. En 2010, el inversionista inmobiliario, productor de cine y restaurantero Andrew Meieran adquirió la Clifton's Cafeteria, situada en el centro de Los Ángeles, y a pesar de que tenía setenta y cinco años de antigüedad en ese entonces, él gastó 10 millones de dólares en renovarla y ampliarla. ¿Por qué? Habría podido emprender proyectos más sencillos, como un restaurante de sushi o la conversión de ese edificio en un espacio para oficinas. Y aunque quizás habría triunfado en alguno de esos propósitos, podrían haber fracasado y desaparecido sin dejar huella. Por eso Meieran decidió hacer algo muy distinto. Sabía que había algo especial en un sitio que funcionaba desde 1935 y que había pasado por tantas cosas, entre ellas una decoración inusual.

Como él mismo me explicó, "una de las cosas que me atrajeron de Clifton's es que transmite una sensación de atemporalidad. No es fácil precisar cuándo y dónde se encuentra. ¿En Los Ángeles de los años treinta? ¿En un bosque del norte de California? ¿En un refugio en las montañas? ¿En una cabaña en el Pacífico Sur? Podría estar en cualquier parte y momento, y eso la vuelve atemporal; no puede identificársele con una época, tendencia o estilo. ¡Es lo que está de moda y lo que pasa de moda constantemente!"

Sin duda, esta actitud le ayudó cuando la remodelación duró y costó mucho más de lo esperado. Le dio asimismo la oportunidad de ganar mucho dinero y de hacer durar ese sitio otro siglo o más, algo que la mayoría pasó por alto o juzgó inverosímil.

El diseñador Joey Roth —responsable de la icónica tetera Sorapot y los altavoces de cerámica de alta tecnología que los verdaderos melómanos tienen en casa— creó una estética relacionada con una idea semejante: "Considero mis enemigos ideológicos a los diseñadores y compañías cuyo trabajo representa una visión desechable e irónica del diseño industrial, dictada por las tendencias. [...] Mi deseo es diseñar objetos que representen una visión más reflexiva y sostenible, surgida en parte de la irónica tendencia antidiseño que encontré cuando comencé en este oficio".

Es mejor jugar a perdurar; dejar la fastuosidad y los caprichos pasajeros para la cápsula del tiempo y las maravillas de ocasión.

Sin embargo, no es sencillo hacerlo. Implica decisiones difíciles, decir que no cuando todos quieren que digas que sí, incluso tus allegados, que cuentan contigo; significará empezar de nuevo y desechar todo avance. Frank Darabont, director y guionista de *The Shawshank Redemption*, recibió una oferta de 2.5 millones de dólares por los derechos de esta cinta para que Harrison Ford y Tom Cruise la protagonizaran. La rechazó, porque pensaba que ésa era su "oportunidad de hacer algo grande" con su guion y con actores de su elección. Aunque la historia le dio la razón, saberlo le habría facilitado decidirse. Tus decisiones serán difíciles también; prepárate para eso.

LA CREATIVIDAD NO ES UN ACTO DIVINO. NO ES UN RELÁMPAGO

Pese a que la creatividad podría parecer mágica, al igual que todo truco, esconde un método. Una creación inmortal no surge nada más así. Por más que quisiéramos creer otra cosa, la historia no demuestra una ininterrumpida inspiración de las musas. Cualquier afirmación contraria —como las que encuentras cuando investigas este tema— es apócrifa, exagerada o totalmente falsa. ¿Hay excepciones? Seguro que sí; dicen que Sylvester Stallone escribió el guion de *Rocky* en tres días y medio, aunque ésta es la excepción que confirma la regla. Muy pocas cosas supremas han sido creadas de golpe y porrazo.

No obstante, resulta tentador pensar que las grandes obras surgen de la nada; que simplemente emergen, íntegras, de fuentes divinas. Como señaló el escritor Ernest Hemingway: "Escribir no tiene nada de especial; todo se reduce a que te sientes frente a una máquina de escribir y te desangres".

Esta frase parece fantástica y seductora cuando pensamos sentarnos ante nuestra proverbial máquina de escribir; el problema es que es absurda y *falsa*. La contradicen los propios manuscritos de Hemingway, esmeradamente editados y a menudo compuestos a mano. La biblioteca John F. Kennedy preserva cuarenta y siete finales distintos de *Adiós a las armas*. Según su autor, reescribió la primera parte de esta novela más de *cincuenta* veces; cada ocasión lo hizo como si se tratara de las piezas de un rompecabezas, hasta que por fin embonaron.

A los jóvenes que aspiran a escritores les agrada señalar a Jack Kerouac, quien supuestamente escribió *On the Road* (En el camino) durante un arrebato de tres semanas exacerbado por las drogas. Lo que omiten
son los *seis años* que dedicó a corregir y pulir esa novela hasta dejarla lista.
Cuando su libro cumplió medio siglo, un especialista en Kerouac declaró a
la National Public Radio (NPR) que éste "cultivó el mito de que era un pro-
sista espontáneo y de que jamás había hecho un solo cambio a lo que escribió, pero eso es falso; fue en realidad un consumado artesano entregado a
escribir y al proceso de esta actividad".*

Un escritor debe proponerse lograr ese cometido; rebasar cinco veces
el impactante punto de referencia de Connolly no es tarea fácil. ¿Cincuenta años? Cinco décadas: mucha gente vive menos que eso. Conseguir tal
proeza requiere algo más que ser un pararrayos fijo: debemos ser activos,
lograr que la creación cobre vida.

Muchos estudios han confirmado que la creatividad no es un rayo fulminante. Una obra creativa suele partir de una idea de aparente potencial
que más tarde se torna otra cosa, gracias al trabajo y la interacción. Pregunté a Scott Barry Kaufman, distinguido psicólogo de la Universidad de
Pennsylvania y experto en creatividad, cómo ocurren las ideas.

"Es raro que una idea se presente totalmente completa", me explicó. "El
proceso creativo no suele ser lineal, tiene muchas desviaciones que mol-
dean el producto último. Aunque el creador suele comenzar con una vaga
intuición de adónde va, las verdaderas innovaciones rara vez se asemejan
a la idea o la visión de origen. Esto se debe a que, por naturaleza, las ideas
creativas evolucionan con el tiempo, como resultado del choque de ideas de
apariencia dispar. Lo mejor que podemos hacer en esas condiciones es sentarnos a crear algo, lo que sea, para permitir que el proceso se desenvuelva
orgánicamente. Tolerar la ambigüedad, la frustración y cambios en el plan
maestro y estar abiertos a nuevas experiencias es esencial para el trabajo
creativo. En realidad, eso hace que la creatividad surta efecto."

Lo que el poeta John Keats llamó la "capacidad negativa" —la coincidencia en tu cabeza de múltiples ideas contradictorias— es una fase esencial
de la creatividad, la parte en la que tu mente es un torbellino de ocurren-

---

* Cuando apareció esa obra, por cierto, la crítica elogió su "bella ejecución" y acto seguido
En el camino llegó a las listas de los más vendidos.

cias. Debes ser capaz de tolerar esto y, después, de afinar tu idea hasta depurarla.

Si hay magia en la expresión creativa ésta consiste en que pequeñas e incluso ridículas ideas puedan convertirse en obras magnas, relevantes e imponentes si una persona invierte en ellas tiempo suficiente. La magia radica en que dentro de personas aparentemente ordinarias existan insondables niveles de sabiduría, belleza e ingenio; y si ellas se dan a la tarea de explorar esas profundidades pueden obtener recompensas increíbles.

No es casualidad que a muchos artistas se les dificulte revisar su obra; dicen sentirla ajena cuando lo hacen. La razón de esto es que efectivamente su obra es ajena a ellos, o por lo menos a su conciencia básica. Incluso se les dificulta ver de dónde provino, ya que toca una parte sensible y vulnerable de sí mismos.

La respuesta es, por supuesto, que ellos no la crearon. La creó el proceso.

EL PERIODO DE INACTIVIDAD

Para luchar contra las difíciles y conflictivas ideas que intervienen en la creación, necesitas a menudo un silencio profundo; el aislamiento para meditar, sentarte y enfrentarte con tu proyecto. El gánster Frank Lucas llamaba a esto la "marcha atrás": se encerraba en una habitación, bajaba las persianas y se desconectaba de todo; miraba a su alrededor y nada más pensaba. Fue así como consumó lo que más tarde se conocería como la Cadaver Connection, operación de importación de heroína desde el sureste asiático en supuestos ataúdes colocados de contrabando en aviones del ejército estadunidense que costó diez veces menos que métodos alternos. En el otro extremo del espectro creativo, el brillante estratega militar John Boyd recurría a lo que él llamó "periodos de inactividad". Tras el súbito alumbramiento de una idea a la una de la mañana, dedicaba semanas enteras a examinarla, probar si se les había ocurrido a otros e identificar sus posibles problemas. Una vez concluido este periodo, se ponía a trabajar en su proyecto.

Así como un buen vino debe añejarse o como la carne se marina varias horas en aderezos y especias, una idea debe tener espacio para desarrollarse; precipitar las cosas anula ese espacio. Otro motivo del periodo de inactividad es prepararse para la monumental tarea en cuestión. Un libro consume varios meses o años de escritura; las producciones cinematográficas pueden durar más; un descubrimiento científico podría tardar décadas en articularse satisfactoriamente. No debemos sumergirnos al azar en ese proceso; así como respiramos profundo antes de zambullirnos en el agua, también debemos tomar aire antes de absorbernos en un empeño creativo.

Yo me propuse empezar a escribir un 1 de enero uno de mis libros. Dos meses antes, en noviembre, inicié mi periodo de inactividad: no más lecturas ni relecturas, sólo pensar; largos paseos, descanso, preparación. Concluí los asuntos de los que debía desentenderme. Estaba tan emocionado que no podía determinar cuál había de ser la estructura del libro. Sólo quería confirmar que estaba listo; me sentía nervioso.

Una noche a fines de diciembre tuve un sueño. El escenario era igual al de la película *Interstellar* (Interestelar); todo lucía como en los avances de ese filme. La Tierra había empezado su decadencia; se avecinaba una crisis; yo era elegido como astronauta. Me despedía de mis hijos (que en ese entonces no tenía aún), me ponía mi casco y al subir a la nave espacial me enteraba de que no se lanzaría a la atmósfera —las cosas que ocurren en un sueño sólo tienen sentido dentro de él—, se arrojaría a las profundidades de la Tierra.

Conservo la entrada de diario que escribí a la mañana siguiente, en la que detallé ese sueño peculiar. Está fechada el 19 de diciembre, días antes de la fecha prevista para que me pusiera a escribir. Mi subconsciente me decía de esa forma que estaba listo, que era momento de finalizar la inactividad. Ese sueño señaló el día en que yo debía embarcarme en mi proyecto con todas mis fuerzas.

PRUEBA PRONTO, PRUEBA CONSTANTEMENTE

Debes considerar que ese libro no cobró vida porque yo haya recibido de mi subconsciente el don de la claridad. Al contrario, ahí comenzó entonces el verdadero trabajo. El libro que trataría el tema de la humildad no sobrevivió siquiera a la redacción de un capítulo; francamente, le habría costado trabajo superar cualquier cosa que no fueran las sobremesas con amigos.

Por fortuna, atendí a esos primeros intentos, a esas pruebas de mi material. El mensaje era claro: la idea debía seguir otra dirección para que yo lograra avanzar (opté así por un libro contra el ego en lugar de una defensa de la humildad).

Esos virajes son comunes. Por ejemplo, *Up* (Up: Una aventura de altura), la película de Pixar, comenzó como un cuento sobre "dos príncipes que vivían en una ciudad flotante en un planeta extraño". Luego de profundizar en esa idea y de jugar con ella, los escritores se quedaron con el asunto de la "escapatoria" y decidieron que una forma curiosa de llevarla a cabo sería ponerle globos a una casa. Es natural que las personas creativas produzcan *falsos positivos*: ideas que creen buenas pero no lo son, ideas que otras personas ya han tenido, ideas mediocres que llevan en sí mismas las semillas de otras mucho mejores.

La clave es identificarlas pronto. Y la única manera de lograr eso es hacer una parte del trabajo frente a una audiencia. Antes de ser un libro, éste debería ser un artículo, y antes de eso una conversación de sobremesa. Ve cómo marchan las cosas antes de que las abordes de frente.

Buscar esos comentarios es esencial, pero también peligroso. El guionista de cine Brian Koppelman expuso hace tiempo las diversas reacciones que su socio David Levien y él obtuvieron mientras trabajaban en el argumento de su primera película, *Rounders* (Apuesta final). Alguien les dijo que el guion estaba muy recargado; otro, que la redacción era pobre; alguien más, que era maravilloso, y otro que era terrible.

Si, por así decirlo, tienes un borrador casi terminado o sólo haces lluvia de ideas con posibles colegas o amigos, es seguro que recibirás comentarios muy variados. Esas observaciones conflictivas y contradictorias podrían alimentar tu ego o desmoralizarte si no eres cauteloso. El enfoque apropiado es tener una idea clara de lo que quieres para que puedas extraer las críticas constructivas que necesitas de entre las que debes ignorar (en el caso de Koppelman, el guion debía estar recargado: la película estaba diseñada para contener frases memorables en abundancia; en mi caso, puse a prueba mis enfoques y descubrí que aquel en el que me había embarcado no funcionaba).

En el mundo de las nuevas empresas, los fundadores tienen una versión especial de ese proceso, llamada producto viable mínimo, que implica partir de una idea modesta y probarla constantemente con pequeños grupos hasta que alcance su mejor expresión (o eliminarla si carece de potencial). Este método tiene también algunos beneficios en otras áreas. Si eres chef, quizá no sea buena idea que inviertas todos tus ahorros en tu primer restaurante cuando puedes comenzar con un *food truck* o un local. No dediques meses a elaborar un sitio web; empieza con una página suelta o apóyate en las plataformas gratuitas de las redes sociales.

Se atribuye a Kogi Korean BBQ, con sede en Los Ángeles, el inicio de la fiebre de camiones de comida preparada, entre 2008 y 2009. Al principio, esa pequeña empresa anunciaba en Twitter dónde se estacionaría cada día, una estrategia brillante y eficiente. Cuando su éxito aumentó y hacía cada vez más cambios en el menú y su negocio, Kogi creció hasta contar con cinco camiones. No abrió su primer restaurante en forma hasta 2016.

Crear suele ser una experiencia solitaria, pero el trabajo realizado en aislamiento tiende a condenarse a quedarse solo.

Ésta es en realidad una buena noticia; significa que tu producto de venta duradera no está obligado a nacer en un único episodio de genialidad. En cambio, puede hacerse parte por parte o, como dijo Anne Lamott en su meditación sobre el acto de escribir, "trazo a trazo". No tienes que ser un genio para hacer cosas geniales; basta con que tengas algunos momentos de lucidez y quites más tarde la parte aburrida.

Poner esto en práctica es simple; hazte preguntas: ¿Cómo puedo darle a la gente una muestra de lo que se me ocurrió? ¿Qué reacciones provocará esta idea en una conversación? ¿Qué piensa de esto una audiencia en línea? ¿Qué revelaría una encuesta entre mis amigos? Estas preguntas podrían parecer insignificantes de cara a una tarea inmensa como la de crear una obra clásica duradera, pero los clásicos se hacen a fuerza de miles de actos pequeños. Y concebirlos de este modo te permite hacer progresos.

Plantear preguntas y pedir opiniones no significa permitir que otros determinen en qué trabajas; pero reduce sustancialmente la inhumana presión de ser grande por epifanía o por una visita de las musas, ya que consiste en buscar una buena idea y *transformarla* en un producto espléndido mediante los comentarios de los demás y un trabajo intenso. Olvídate de largarte a una cueva.

Concentrarse en partes pequeñas y progresivas de un proyecto elimina también la tendencia a soñar indefinidamente. Aunque no cabe duda de que planear es muy importante, resulta tentador perderse en eso, con la esperanza de que el proyecto perfecto llegue a ti en vez de que admitas que te corresponde ejecutarlo.

Como dijo Robert Evans, productor de películas como *Love Story* (Historia de amor) y *The Godfather* (El padrino): "La acción genera inspiración. No te quedes esperando la inspiración para que te mueva a actuar; ¡no lo hará!".

LA PREGUNTA QUE CASI NADIE SE HACE

Tengo en mi biblioteca un librito titulado *Worms Eat My Garbage*, de Mary Appelhof. A menos que seas un nerd en agricultura sostenible, no hay motivo de que hayas oído hablar de él. Y ésa es justo la cuestión: se trata de un libro sólo para especialistas, o cuando menos aspirantes a serlo. Pese a que la mayoría no sabe de este trabajo, esta potente locomotora de factura independiente ha vendido 165 mil ejemplares (más de lo que vende la mayoría de los libros) y continúa en circulación treinta y cinco años después de su aparición. Se trata de una edición corregida y aumentada; la segunda llegó quince años después de su lanzamiento, la tercera fue publicada veinte años más tarde. *Worms Eat My Garbage* es no sólo el texto definitivo de un campo reducido pero apasionado; domina también un nicho de mercado que es probable que no desaparezca nunca (a menos que la sociedad deje de generar basura de repente).

Convertirse en la autoridad de un nicho no es algo que ocurra por accidente. Una audiencia no es un objetivo con el que chocas por casualidad; debe ser explícitamente detectado y precisado: debe ser *elegido*. Una pequeña editorial estadunidense tiene por lema "¡Encuentra tu nicho y sacia su necesidad!". Sospecho que si en 1982, cuando escribió su libro, Mary Appelhof hubiera estado al tanto de ella, habría llevado ahí su manuscrito antes que a cualquier otro sitio.

Hallar y "saciar" satisfactoriamente un nicho requiere formular y contestar una pregunta que al parecer muy pocos creadores se hacen: *¿Para quién es esto?*

Muchos de ellos quisieran ser para todos… y por lo tanto no son para nadie.

Elegir un nicho no es algo restrictivo; es el primer acto potenciador que ejercemos como creadores. Charlie Rose preguntó hace poco a Lin-Manuel Miranda, creador del musical *Hamilton*, qué lo distinguía de sus compañeros de la escuela que eran más listos y talentosos que él. Miranda respondió: "Que escogí un carril y rebasé a todos. [...] Fue como si me dijera a mí mismo: 'Está bien, lo que quiero es ESTO'".

En cualquier proyecto, debes saber lo que haces y lo que *no*. Debes saber también para quién lo haces —y para quién no—, para que puedas decir: hago ESTO para ESTAS PERSONAS. En algunos casos, el nicho resultante podría parecer enorme. En la situación de Miranda, se trata de la gente que busca un tipo muy distinto de espectáculos de Broadway; en la de Appelhof, de personas interesadas en elaborar composta. Sea lo que sea, debes saberlo; tienes que elegir. Esta claridad te permitirá concentrar tu energía creativa de un modo muy preciso y efectivo, a fin de que hagas lo correcto para las personas indicadas.

Es de esperar que no puedas remediar un malestar que no eres capaz de identificar —o que avances hacia una dirección que estás todavía por definir— y es ingenuo suponer que podrás resolver alguna necesidad del mundo, pero eso es precisamente lo que la mayoría de los creativos hacen con sus proyectos desde el principio. Paul Graham, de la incubadora de empresas Y Combinator, que ha financiado a más de un millar de compañías como Dropbox, Airbnb y Reddit, dice que "no tener en mente un usuario específico" es uno de los dieciocho mayores errores que malogran a las pequeñas empresas: "Un número asombroso de fundadores parecen suponer que alguien —no saben quién— querrá lo que ellos hacen. ¿Ellos lo quieren? Eso no importa; los fundadores no son el mercado objetivo. ¿Quiénes lo son? Los adolescentes, los interesados en sucesos locales (éste es un conflicto perpetuo) o los usuarios de 'negocios'. ¿De qué negocios: gasolineras, estudios cinematográficos, proveedores del ejército?"

Seamos claros: no puedes darte el lujo de esperar para saber a quién está destinado lo que haces. ¿Por qué? Porque frecuentemente la respuesta será: a nadie. Tienes que pensar en eso ahora. Antes de que hagas tu trabajo, mientras lo haces.

La ausencia de un público futuro es no sólo un problema comercial, también artístico. El crítico Toby Litt podría haberse referido a todo el mal arte y los malos productos cuando dijo que "la mala escritura es casi siempre un poema de amor dirigido a uno mismo". ¿Qué audiencia quiere eso?

He descubierto que la mejor manera de no pasar completamente por alto tu objetivo —cualquiera que sea— es identificar algo que lo represente desde el comienzo, alguien que simbolice a tu audiencia ideal, en quien podrás pensar constantemente a lo largo del proceso creativo. Stephen King cree que "todo novelista tiene un lector ideal", lo que le permite preguntarse en varios momentos del proceso: "¿Qué pensará él de esto?" (en su caso se trata de su esposa, Tabitha). Kurt Vonnegut decía en son de broma que hay que "escribir para complacer a una sola persona; si abres una ventana y haces el amor con el mundo, por así decirlo, tu relato contraerá pulmonía". John Steinbeck escribió en una ocasión una carta a un actor que se había vuelto escritor: "Olvídese del público general. En primer término, un público sin nombre ni rostro lo mataría de miedo, y en segundo no existe, a diferencia de lo que sucede en el teatro. Cuando escribe, su audiencia es un solo lector. Sé que a veces resulta útil seleccionar a una persona —real o imaginaria— y escribir para ella".

Si no sabes para quién escribes o para quién haces algo, ¿cómo sabrás si lo hiciste bien? ¿Cómo sabrás si lo *terminaste*? Es improbable que des en un blanco al que no apuntas. La *esperanza* no sirve de nada, sino tener algo y alguien con que compararte.

Evita esa omisión y define a tu público específico mientras creas, aunque no lo vuelvas tan específico que su único miembro seas *tú*. Debes ser capaz de ver a las personas que lo componen, empatizar con ellas, entenderlas e incluso apreciarlas. Esto no quiere decir que ese público es lo único que deberás tener en mente cuando creas (y como se verá después, tenerlo en mente no es garantía de que llegues a él), pero debe estar ahí, vibrar en algún lado.

NO SÓLO "¿PARA QUIÉN?", TAMBIÉN "¿PARA QUÉ?"

Como creativos, a menudo nos ciega lo que un proyecto significa para nosotros en lo personal. Nos enamoramos de él, nos obsesionamos y por eso le dedicamos tanto tiempo. Cuando nos dejamos vencer por la autocomplacencia artística, nuestros estándares incluyen: ¿esto satisface nuestra grandiosa visión? ¿Superamos a algún rival? ¿Esto nos hace quedar bien? ¿Cómo se ajusta a nuestra marca y nuestra imagen como artistas intrépidos? Con frecuencia eso no es más que un disfraz del ego para deleitarnos en nuestros pensamientos, porque esto es más fácil que pensar en la audiencia.

Éste es un trance peligroso que ha empujado a muchos creadores de talento a irremediables callejones sin salida.

Un editor me dijo en una ocasión: "No importa lo que un libro es sino lo que *hace*". Jerry Jenkins, creador de la serie de novelas *Left Behind*, afirmó que independientemente de lo que hagamos o de qué trate lo que hagamos, nuestra labor "debe perseguir siempre un *propósito*".

Hacer algo que queremos o que juzgamos impresionante o maravilloso no es tan difícil; lo es mucho más crear algo que otros quieren y que también necesitan. Debemos preguntarnos: ¿Para quién es esto? y ¿Qué *hace* esto? Una prueba decisiva de cualquier producto: ¿tiene un propósito? ¿Agrega valor al mundo? ¿Cómo mejorará la vida de quienes lo compren?

Valga reiterar que esto no es algo que debes buscar a posteriori; debes incluirlo desde el primer día. No es común que una obra grande y exitosa empiece como una solución en busca de un problema. Lo duradero requiere algo más que novedad: necesita una persona seria deseosa de encontrar una solución a un problema común.* Le comenté algo similar a Craig Newmark, quien fundó Craigslist hace dos décadas (ya no dirige las actividades diarias de este sitio, pero su filosofía ha bastado para preservar la concentración y eficacia de la empresa). Me contó entonces que él puso en marcha Craigslist principalmente para corresponder los servicios que muchos habitantes de San Francisco le prestaron cuando se estableció en esa ciudad. "Esto inició un patrón que continúa hasta la fecha: hablar con la gente y hacer después algo que satisfaga sus verdaderas necesidades y deseos. Repite esto siempre. La gente necesita socializar, un empleo, un lugar donde vivir y más. La atención se dirige a las verdaderas necesidades y deseos, no a que tú seas rico o magnánimo".

Uno de los mejores consejos que he recibido como creador me lo dio un escritor triunfador que me dijo que la clave del éxito en la no ficción es que el libro sea "muy entretenido" o "sumamente práctico". Nótese que no dijo: "Debe ser muy satisfactorio para ti en lo personal", "Tiene que hacerte parecer muy inteligente" o "Capitaliza una tendencia valiosa". Estas

---

* Un estudio reciente aplicado sobre más de cien nuevas empresas fallidas reveló que "ocuparse de problemas interesantes por encima de aquellos que satisfacen las necesidades de un mercado fue la principal razón de quiebra de un notable cuarenta y dos por ciento de los casos".

preocupaciones son secundarias o tácitas; es mejor concentrarse en esas dos razones originarias de uso, que enfatizan el placer y la utilidad.

Lo que produces debe *hacer* algo por la gente, ayudarla a *hacer* algo; *esto* causará que hable de él y se lo comunique a otros. Un propósito así no puede ser aportado sobre la marcha por un especialista en mercadotecnia o publicidad; debe integrarse al proceso creativo desde el principio (ésta es después de todo la mejor mercadotecnia que existe), aun si tal propósito se reduce a que tu trabajo brinde unos minutos de entretenimiento, haga una pregunta o hable de la experiencia humana. Incluso una canción pop tiene un propósito; las que no lo tienen no duran sino sus quince minutos de fama.

Entre más importante y perpetuo sea un problema (o en el caso del arte, entre más claramente exprese una parte esencial de la condición humana), más posibilidades habrá de que los productos que lo afrontan sean también perpetuos e importantes. Como dijo el actor Albert Brooks, "el tema de morir y envejecer no se agota nunca". El cineasta Jon Favreau, quien creó *Swingers* y *Elf* (Elf: El duende) y dirigió *Iron Man* (Iron Man: El hombre de hierro), declaró que en su obra busca tocar problemas y mitos eternos, y que todos los grandes cineastas lo hacen. "Los que más se acercan", añadió, "perduran más".

Cuanto mayor y más penoso sea el problema que resuelvas, mayor será su atractivo cultural, y más relevante y lucrativo tu intento de abordarlo. Imagina lo que sería escribir sobre un problema que se resuelve solo o que tiene una fecha de caducidad fija; pregúntales a quienes ofrecieron "soluciones" para la llegada del año 2000 cómo les fue. En cambio, los problemas eternos y recurrentes que nos hacen humanos son los que debemos afrontar con decidida ambición. He aquí algunos ejemplos:

- Restaurantes como Katz's y Langer's —que en conjunto han atendido a sus clientes durante casi doscientos años— son lugares agradables en los que los judíos disfrutan de los sabores y cultura de su pueblo. Debido a su increíble longevidad, han sido también piedras de toque culturales para muchas otras personas.
- Películas de Pixar como *Toy Story* y *Monsters, Inc.* resolvieron un par de problemas para padres e hijos por igual: a los niños les gusta entretenerse y los adultos no quieren aburrirse como ostras. Esas cintas

tuvieron el tino de brindarles algo a ambos grupos, y no sólo por
unas horas sino para toda una vida como espectadores.

- El aceite WD-40 resuelve uno de los problemas más persistentes: la
corrosión. Las cosas se oxidan y se atascan, pero este producto las
lubrica y hace que funcionen otra vez.
- GoreTex. La gente se enfría y se moja y siempre lo hará, y las marcas
no tienen tiempo para inventar sus propios forros e impermeabiliza-
ciones. Los clientes han usado GoreTex desde hace cincuenta años,
porque combate ese problema y los clientes confían en él.
- *Qué puedes esperar cuando estás esperando*. Todos los días hay mujeres que se embarazan por primera vez (y no tienen la menor idea
de ese proceso), así que recurren a este libro.
- "Happy Birthday", la canción con los derechos de autor más pelea-
dos y controvertidos, es el ejemplo por excelencia. Antes de ella,
¿qué hacía la gente en una fiesta de cumpleaños?

La lista es interminable.

Así pues, el creador de cualquier proyecto debe tratar de contestar alguna variante de estas preguntas:

- ¿Qué enseña?
- ¿Qué resuelve?
- ¿Cómo entretiene?
- ¿Qué aporta?
- ¿Qué ofrece?
- ¿Qué comparte?

En suma: ¿por qué van a pagar estas personas? Si no lo sabes —si la respuesta no es impetuosa—, sigue pensando.

VALIENTE Y ENÉRGICO

Espero no dar la impresión de que convierto el hermoso proceso artístico y
creativo en un reduccionista y aburrido ejercicio matemático, o que intento reemplazar la inspiración por las confabulaciones de un mercadólogo de

internet que busca términos mediante la optimización de motores de búsqueda. Esto no tiene nada que ver con sondeos ni con sustituir tu objetivo por una insensible lógica de negocios. Al contrario, estos ejercicios se idearon para ayudarte a hallar nuevas bases que te permitan ser creativo y buscar que tu ingenio resuene. La causa de la pregunta "¿Qué pagan?" no es abogar por un comercialismo a ultranza; es sacarte de tu zona de confort hasta que tu respuesta a esa pregunta sea "Algo nuevo e importante", no "Algo que cualquier otro habría podido hacer".

Como ya se dijo, las ideas son de escaso valor. Aparte de que mucha gente las tiene, tú, como persona talentosa y creativa, las tendrás a montones. Algunas de ellas serán derivadas y otras resueltamente originales; otras más quizá no tengan al principio una apariencia especial, pero con el refinamiento y la profundización apropiados podrían volverse actuales, nuevas y excepcionales.

Insisto en que no es que la creatividad sea mágica; aunque lo *parece* a quienes no comprenden el truco. En este caso, la parte más importante es desechar lo aparentemente lucrativo, pero en definitiva derivado de los callejones sin salida que tal vez habrías perseguido.

Una parte fundamental de ejecutar una obra duradera consiste en confirmar que persigues tus mejores ideas y que *sólo tú* puedes tenerlas (pues de lo contrario estarías frente a un producto de consumo, no un clásico). Así, este proceso será no sólo más satisfactorio en términos creativos, sino también mejor para los negocios. En 2005, los profesores de negocios W. Chan Kim y Renée Mauborgne describieron un nuevo concepto que llamaron "Estrategia del océano azul". Sus estudios revelaron que es preferible buscar aguas que no estén en disputa, frescas y tranquilas, a combatir contra numerosos competidores en un "mar agitado".

Cirque du Soleil, Southwest Airlines, Curves, Under Armour, Tesla y Nintendo Wii son emprendimientos en busca de un mar sereno. Fueron cosas nuevas y radicalmente distintas de todo lo demás en su industria, y de ahí que hayan crecido tan rápido. Eran inherentemente actuales y fascinantes. Abrieron nuevos derroteros y se apropiaron de ellos, en ciertos casos décadas antes de que la competencia las alcanzara.

Como observó Goethe, a las obras de arte más originales "no se les considera como tales porque hayan producido algo nuevo", sino porque han dicho algo "en una forma que no se había dicho nunca". Son mares tranquilos

que ofrecen algo nuevo o inmemorial. Pete Carroll, entrenador de los Ti-
burones de Seattle y ganador del Super Bowl, me confió que aprendió una
lección de la banda The Grateful Dead: no intentaban ser los *mejores* en
nada, sino *los únicos en hacer lo que hacían*. El escritor Srinivas Rao lo dijo
bien: "Ser el *único* es mejor que ser el *mejor*".

No obstante, demasiadas personas producen algo apenas marginalmen-
te mejor o diferente de lo que ya existe, lo cual admitirían si fueran sinceras.
En lugar de ser valientes y enérgicas, son derivadas, complementarias, imi-
tativas, banales o triviales. El problema de esto es no sólo que su producto
sea aburrido, sino también que somete a esas personas a una competencia
desmesurada.

Quizás hayas oído decir esto a otros creativos cuando les has preguntado sobre los proyectos en los que trabajan. Llegan tan lejos que pierden
de vista que noventa por ciento de los usuarios están más que satisfechos
con el principal proveedor del servicio que ellos quieren dar, sea Facebook
o *El guardián entre el centeno*, la novela de J.D. Salinger. Al parecer no
captan que la mayoría de los clientes no se entusiasmarán con una mejora moderada, porque ni siquiera les importa. Yo desconfío siempre de toda
descripción similar a "Esto es como... pero con...". Desconfío del producto implicado no sólo porque carezca inherentemente de originalidad, sino
también porque, como ya dije, obliga a su creador a competir con el servicio dominante al cual, en teoría, mejora.

Ser valiente y enérgico no es sólo más interesante en términos creativos; te salva también de luchar contra Facebook (red social con ingresos de
miles de millones de dólares) o *El guardián entre el centeno* de tu ramo. Te
libra de una costosa y desgastante guerra que es muy probable que pierdas.

Un estándar muy alto y apasionante para cada proyecto debería forzar-
te a hacerte preguntas como éstas:

> ¿Aniquilo algunas vacas sagradas?
> ¿A qué institución dominante desplazo?
> ¿Qué grupos transformo?
> ¿A qué personas hago alterarse?

El escritor nigeriano Chigozie Obioma se ha referido al valor y la audacia
de engendrar algo que perdure. "Los escritores deben darse cuenta", dijo,

"de que las novelas que permanecen en la memoria y se convierten en monumentos son aquellas cuya prosa peca de audaz y se permite excesos ocasionales, no las que envuelven una historia —por conmovedora que sea— en una prosa inadecuada".

Con *Born to Run*, Bruce Springsteen intentó hacer un disco que, como él mismo dijo, "te agarre del cuello para *insistirte* que hagas ese viaje, que prestes atención". Agregó que aspiraba a hacer el "mejor disco de rock que haya oído en mi vida". Valentía, originalidad: estas actitudes no están reñidas en absoluto con las ventas duraderas; de hecho, son parte esencial de la ecuación. Las cosas que son aburridas ahora es probable que lo sigan siendo dentro de veinte años; las que hoy parecen, suenan, se leen y funcionan como todas las demás de su área tienen muy pocas posibilidades de sobresalir mañana, y eso es justo lo que *debes* evitar.

Imagina que eres Rick Rubin y que acaban de contratarte para producir el primer gran álbum comercial de Slayer, destacada pero poco conocida banda de heavy metal. El impulso natural de muchos sería ayudar a esa banda a realizar algo más accesible y convencional. En cambio, Rubin sabía que ésa sería una mala decisión artística y comercial, por lo que ayudó al grupo a crear su álbum más pesado hasta ese día, quizás uno de los álbumes más pesados de todos los tiempos: *Reign in Blood*. Como relataría él después, "me negué a diluir; no creo en diluir las cosas para dirigirlas a un público convencional. A la gente le gustan las cosas realmente apasionadas. La mejor versión no suele ser para todos. El mejor arte divide al público; si sacas un disco y la mitad de la gente lo adora y la otra mitad lo detesta, lo hiciste bien, porque rebasaste un límite".

Sí, es casi indudable que, a corto plazo, esa decisión le costó a Slayer cierto espacio en la radio. Pero cuando Rubin dice que el mejor arte divide al público se refiere a que lo divide entre quienes no lo aprueban y quienes lo hacen *sin reservas*. En definitiva, ese método polarizador hizo de *Reign in Blood* un clásico del heavy metal, un álbum underground que permaneció dieciocho semanas en las listas de popularidad y que hasta la fecha ha vendido más de 2 millones de copias.

Pecar de audaces —agarrar al cliente del cuello— es quizá la razón de que muchos de los proyectos de los que hablamos hayan sido tan controvertidos y, a veces, tan perturbadores a la hora de su lanzamiento. Piensa en Orson Welles cuando mezcló realidad y ficción en su famoso programa de radio sobre *La guerra de los mundos*; reinventó en ese instante el entretenimiento y asustó mucho a la gente de modo simultáneo. Piensa en el *Desnudo azul* de Matisse cuando fue quemado en efigie en 1913 (hoy puedes comprar una reproducción en Walmart). Piensa en las novelas de D. H. Lawrence prohibidas por obscenidad. Piensa en *A sangre fría* de Truman Capote, libro con el que inventó un nuevo género de no ficción que indignó a la gente: ¡¿aquello era verdad o no?! Piensa en la tecnología sujeta a protestas y leyes, desde Airbnb hasta Uber. Al final, todo esto forma parte de nuestra vida diaria, pero al principio hay algo muy escandaloso y contundente en él. "Si no eres controvertido", advierte a los creativos la controvertida escritora Elizabeth Wurtzel, "olvídate de que dejarás huella".

Es interesante pensar que, aunque audaces, esas obras también son convencionales. El *Desnudo azul* fue provocativo por su uso del color, la raza y la ambigüedad; al mismo tiempo, sin embargo, no mide quince metros de ancho ni se pintó a máquina. El programa de Orson Welles duró lo que sus programas habituales; Truman Capote no decidió publicar su libro sin firma ni portada; Airbnb no emprendió un servicio de habitaciones compartidas que sólo aceptara criptomonedas. No, estas innovaciones pioneras fueron poco convencionales en formas particulares y selectas, y con eso fue suficiente.

La cuestión es que no puedes violar todas las convenciones al mismo tiempo, ni debes hacerlo por mero gusto. En realidad, para ser debidamente controvertido —en contraste con incomprensible— tienes que estudiar obsesivamente tu género o industria hasta saber qué límites puedes rebasar y cuáles respetar. No es casualidad que los programas de Netflix y HBO sigan durando treinta o sesenta minutos aunque no tengan pausas comerciales. En la era de la autopublicación, los escritores, en teoría, pueden hacer lo que les plazca, pero casi ninguno lo hace. ¿Por qué? Porque no todas las convenciones merecen ser cuestionadas, y cuestionar demasiado de un tirón confunde y abruma al consumidor (quien todavía quiere que el libro tenga el aspecto de un libro *de verdad*).

Preguntémonos entonces: ¿por qué las cosas son como son? ¿Qué prácticas pueden ser cuestionadas y cuáles deben mantenerse firmes? Esto nos permite ser tanto exóticos como accesibles, impactantes pero no injustificados, actuales sin sacrificar lo imperecedero.

Si rebasas límites, es importante que sepas que eso no será del agrado de todos, al menos no por lo pronto. Tras publicar mi primer libro, de contenido incendiario, recibí una foto del director de redes sociales de Ford en la que aparecía tirando mi libro a la basura, de tanto que lo había exasperado. Un reportero me agredió físicamente después de una charla que di. Una persona me retó a un debate; otra me amenazó con proceder legalmente en mi contra. Aunque todo esto fue pavoroso, resultó estimulante... y confirmó la validez de mis argumentos.

He comprendido que ésas son las huellas que deja una obra duradera. Quieres provocar una reacción; que la obtengas es señal de que avanzas. Un científico famoso aconsejó una vez a sus alumnos que no se preocuparan si la gente les robaba sus ideas: "Si son originales, tendrán que clavárselas a todos en la garganta". Esto no sólo nos devuelve a nuestro análisis de que las ideas no bastan, sino que también nos conduce a una de las realidades de ser desafiantes y novedosos: si tu trabajo escandaliza a la gente y ella se resiste a aceptarlo de momento, esto puede ser un signo de que has creado algo nuevo y en verdad original.

¿PODRÍAS HACERLO MEJOR?

Ya mencioné el mito de la creación espontánea. Permíteme volver a él, porque nada ha reducido más que esa gran mentira la posibilidad de que haya productos de venta duradera en el mundo.

Orson Welles observó que ver una película "por segunda o tercera vez debe ser mejor que la primera. En ella tiene que haber más de lo que cualquier persona es capaz de entender una vez. Debe ser tan sustanciosa y estar tan llena de implicaciones que todos saquen algo de ella". Cyril Connolly dijo que la literatura está destinada a leerse dos veces; todo lo demás es periodismo. Lo mismo vale para la televisión de calidad, como *Arrested Development* (Sacrificios de familia), un programa tan rápido y divertido que siempre revela algo más cuando se le ve de nuevo. Los grandes libros de sabiduría inmortal ofrecen igual satisfacción. Si tomas uno de ellos y lo abres al azar, algo llamará tu atención y aliviará tu dolor, aun si lo has leído ya varias veces.

Nuestra meta es hacer algo que fascine a la gente, que se convierta en parte de su vida. Las ideas ocultas en esas grandes obras no fueron a dar ahí como resultado de una primera tentativa; las capas que las componen no existirían si las hubieran escrito durante un solo flujo de conciencia. No, una obra profunda y compleja es fruto de un incesante y repetitivo proceso de revisión.

Siempre puedes hacer más, añadir más. Pese a que páginas atrás aludí a la importancia de pensar en grande, debemos hacerlo por igual en pequeño, concentrándonos en los aspectos más minúsculos del proceso para resolverlos bien. Un maestro se obsesiona con los detalles. Si alguna vez te asomas a una computadora Apple, descubrirás que también son bellas por dentro; quienes las diseñan conciben el producto como una obra de arte, su obra maestra. No escatiman esfuerzos, ni siquiera en las partes que la mayoría de la gente no verá nunca.

Como me dijo un agente con el que trabajo: "Dedica a revisar tu manuscrito tres veces más del tiempo previsto". Tiene razón; ése será sin duda el tiempo mejor invertido en el proyecto. Dice un célebre consejo de Stephen King: "Sacrifica tus ideas más queridas, aunque eso rompa tu pequeño y ególatra corazón de escritorzuelo". Se refiere básicamente a las decisiones difíciles que los creadores deben tomar cuando trabajan, mientras corrigen sin piedad para que sus creaciones evolucionen y queden lo mejor posible.

El gurú del guionismo de cine y emblema de la narración de historias Robert McKee me reveló que no cree que alguien pueda escribir algo formidable ex profeso, aunque está seguro de que debemos hacer nuestro mejor esfuerzo en cada fragmento de un texto. "No creo que alguien pueda proponerse a conciencia producir una obra maestra", me dijo. "Pienso que lo que hacemos es contar la mejor historia, del mejor modo, y producirla lo mejor posible para ver después cómo reacciona el mundo a ella". Ignora lo que hacen los demás. Ignora lo que pasa a tu alrededor. No hay competidores; no hay ninguna marca objetiva por superar. Lo único importante es que hagas tu mayor esfuerzo.

UNA ÚLTIMA COSA

Tal vez creas que ya tienes un clásico, tu obra maestra duradera, pero no es cierto; al menos no todavía; aún estás en una etapa temprana del proceso. Nadie puede estar seguro de eso. ¿Y aquellos que están convencidos de que lo lograron? Ellos especialmente no lo consiguen. Estas palabras de Steven Pressfield, en su espléndido libro *The War of Art*, son una lección de humildad y un recordatorio inquietante: "El falso innovador derrocha seguridad en sí mismo; el verdadero se muere de miedo".

Él teme porque la labor creativa es tan aterradora como gratificante. Pusiste mucho de ti en ese proyecto. ¿Y si no le gusta a la gente? ¿Y si alguien quiere obligarte a cambiarlo? Pese a que la creación ocurrió en privado, pronto tendrás que explicarla y analizarla en público. ¿Qué tal si esto resulta abrumador? ¿Si no puedes hacerle justicia? Este temor no es cómodo, aunque sí una buena señal: te volverá diligente.

El ansia de crear algo grande, aunado a la sincera creencia de que *puedes hacerlo*, podría convertirse muy pronto en delirio y soberbia, si no tienes cuidado. Entre más nervioso y temeroso estés —entre más obligado te sientas a realizar mejoras y ajustes porque *no estás listo todavía*—, mejor para el proyecto, porque tu meta debería hacer temblar un poco a cualquier persona racional.

Permite que esta sensación te guíe, hónrala.

Entre tanto, quienes creen ser capaces de apurar el paso hacia la meta —o están seguros de que llegarán a ella sin haber derramado una sola gota de sudor— acabarán desapareciendo igual de rápido. Se necesita tiempo, esfuerzo y sacrificio para llevar a cabo algo que permanezca.

PARTE II

POSICIONAMIENTO

*Del acabado al perfeccionamiento
y la presentación*

El artista busca contacto con su noción intuitiva de los dioses, pero para crear su obra no puede permanecer en ese reino etéreo y seductor. Debe retornar al mundo material a fin de realizar su trabajo.

PATTI SMITH

En su novela de los años treinta *Pregúntale al polvo*, John Fante incluyó una escena en la que el protagonista (una representación de sí mismo) envía su manuscrito a una editorial. El joven y pobre aspirante a escritor, Arturo Bandini, solicita que el manuscrito le sea devuelto en caso de que lo rechacen, porque no tiene otra copia más que ésa.

Al final resulta que la editorial no se compromete a devolverlo. Luego de un largo periodo de silencio, responde para cumplir los sueños del joven escritor, quien recibe el mensaje que todo creativo espera, el que lo introduce en las grandes ligas.

Alguien tocó a mi puerta. Abrí y ahí estaba él, el chico del telégrafo. Firmé de recibido el telegrama, me senté en mi lecho y me pregunté si acaso el vino había colmado al fin el corazón del Viejo. El telegrama decía: "Aceptado su libro; contrato hoy por correo"... y eso era todo. Dejé caer la hoja en el tapete sin moverme; después me eché al suelo y le di besos al telegrama. Me arrastré bajo el lecho y me quedé ahí tendido. Ya no necesitaba la luz del sol, ni la tierra ni el cielo. Permanecí acostado ahí, dichoso de morir. Nada más podía sucederme. Mi vida había llegado a su fin.

Días después llegan un cheque y un contrato. El libro se publica meses más tarde. Bandini queda oficialmente consagrado como escritor. Su vida de penurias ha concluido. Lo *logró*.

Si tú tienes algo de experiencia con las editoriales, disqueras, estudios de cine, incluso con el capital de riesgo, es probable que todo esto te parezca completamente anacrónico o irremediablemente ingenuo. ¿Dónde quedaron todas las reuniones, propuestas, argumentos persuasivos, agentes y almuerzos? ¿Las llamadas de medianoche al editor cuando todo parece venirse abajo? ¿Las exigencias de cambios, nueva redacción y "notas" de los ejecutivos? ¿Los mil detalles más, burocráticos y administrativos? ¿Quiere decir que, antes, la gente simplemente enviaba por correo su mamotreto y éste aparecía en las tiendas tiempo después?

Todos abrigamos en el fondo esta fantasía: producimos una obra creativa, la enviamos por correo… y alguien nos manda un contrato y no vuelve a molestarnos. Nadie viene a decirnos qué hacer; nuestro arte se mantiene puro e intacto, sin interferencias, sin latosas preocupaciones por esto o aquello. Alguien se encarga de las cosas que no nos importan. Somos "elegidos" y luego, de repente, viene el éxito.

Pero nada ocurre así, ni hoy ni nunca. Lo digo no sólo porque la economía de todas esas industrias ha cambiado en forma fundamental, sino porque tampoco para John Fante las cosas marcharon a la perfección. En la vida real, *Pregúntale al polvo* fue confiada a la editorial Stackpole and Sons, que no contaba con los recursos indispensables para preparar y publicar apropiadamente ese manuscrito, porque estaba *en medio de una confrontación legal con Adolf Hitler.*

La editorial había publicado *Mi lucha* sin la autorización adecuada; y Fante, quien dependía por completo de ella, vio cómo su mayor obra desaparecía en el éter porque su editor había caído en dificultades financieras y no podría comercializarla.

¿Te imaginas que todos tus sueños de éxito se desplomaran a causa de que un dictador genocida cruzara el Atlántico y echara a perder tu proyecto y que un desaliñado editor permitiera que tal cosa sucediera? Aunque hoy sería raro tener que arreglárselas con una situación así, los sueños de los artistas suelen verse empañados con cruel regularidad. Si el libro de Fante hubiera recibido un mejor trato de la editorial, ¿su destino habría sido distinto? Me gustaría pensar que sí.

En cualquier caso, debido a una mala planeación, a esperanzas inge-
nuas y a un exceso de confianza en alguien más, ese extraordinario libro jamás llegó al mundo. Podría haber sido *El gran Gatsby* de la Costa Oeste; en
cambio, cayó casi completamente en el olvido.

La primera advertencia para todo aquel que aspira a crear un producto
de venta duradera es que no hay en el mundo editorial, un inversionista
caído del cielo ni un productor que, como por arte de magia, sea capaz de
ocuparse de todas las cosas que el autor no quiere manejar. El envío de tu
manuscrito no es la última etapa del arduo trabajo implicado por un proyecto; no es ni siquiera el final de la primera etapa de todo el esfuerzo requerido. Nadie tocará a tu puerta, en sentido figurado o literal. Los productos
de venta duradera son obra de artistas infatigables que, en lugar de ceder
sus manuscritos a cuidadores inexistentes —como reza la expresión hollywoodense "lisonjear a Dios"—, conciben cada parte del proceso como su
responsabilidad. Toman el control de su destino, y no sólo como artistas;
también como *productores* y *gerentes*.

A MEDIO CAMINO DE LA MITAD

El punto en el que nos encontramos ahora —un guion de cine casi terminado, la idea de una nueva empresa que empieza a cobrar forma, un
producto de enorme interés para los inversionistas— es una coyuntura decisiva. Podría decirse que estamos a medio camino… de la mitad.

Hasta aquí hemos tomado nuestra experiencia interior e inspiración
y la hemos hecho realidad. Ahora debemos tomar la experiencia creativa
para pulirla y afinarla, y determinar cuál es la mejor manera de comunicar-
la al mundo. El libro que escribiste para lidiar con la muerte de tu padre, los
demos de canciones que acabas de terminar y están listos para llevarlos a un
estudio o la línea de ropa que desafiará las normas de belleza de la moda:
estos complejos proyectos personales deben examinarse, pulirse y presentarse al mundo de tal forma que atraigan al público ("Una conmovedora
exploración del proceso de duelo que aliviará a los lectores en sus momentos más vulnerables" o "Prendas radiantes que te harán lucir de maravilla…
y cuya calidad no es necesario exagerar para que las compres"). Esa tran-
sición no sucederá de la noche a la mañana. La obra no pasará por sí sola

del demo al disco terminado. Y nadie te dará el título, la portada y el diseño perfectos.

Las audiencias no pueden saber mágicamente cuál es el contenido de algo que nunca han visto. No tienen idea de que eso podría cambiar su vida. Tú no puedes resignarte a ser la persona tímida con la que nadie baila en una fiesta, esperanzada en que la gente entrevea la verdad y *sepa* lo fabulosa que eres. Alguien tiene que *decírselo*. ¡Aquello tiene que ser obvio!

No es de "promoción" de lo que hablamos aquí; eso viene después. Antes del lanzamiento, en cambio, debe ponerse mucho ímpetu en refinar, mejorar y, sobre todo, posicionar tu proyecto, a fin de que tenga una verdadera oportunidad de resonar con su futuro público. Hasta el platillo más suculento debe ser adecuadamente servido (y la presentación influye en el gusto, eso es un hecho). La diferencia entre un decoroso éxito momentáneo y un icono duradero se produce durante esas decisiones, y este proceso no necesariamente ocurre rápido. Puede ser que la corrección y afinamiento de una obra tarde tanto como el proceso inicial de la creación; puede ser que el último kilómetro dure más que el resto; quizá elegir el nombre indicado para tu producto o aclarar tus metas y expectativas para convertirlas en un plan viable resulte más difícil que llevar la idea desde una noción inicial hasta su consolidación material.

Debemos tomar este objeto que significa tanto para nosotros y encargarnos de que esté listo para significar también algo para *otros* en muchas generaciones por venir. Encargarnos de que sobresalga en un campo repleto de creadores que intentan hacer exactamente lo mismo que nosotros. De que nuestro trabajo sea tan bueno como sea posible y de que el público al que está dirigido esté preparado para dejarse cautivar por él.

¿Quién es la mejor persona en el mundo para llevar a cabo esa difícil tarea? Tú.

ERES EL DIRECTOR GENERAL

Si el primer paso del proceso es aceptar que nadie vendrá a salvarte —que nadie tomará aquello de tus manos y lo defenderá durante el resto del proyecto—, el segundo es darte cuenta de que quien tendrá que dar un paso al frente eres tú.

Muchos creativos querrían ser *exclusivamente el creador* o "el dueño de la idea"; esto les agrada porque resulta atractivo y es lo más fácil para ellos. Pero sospecho también que nos gusta a todos porque tenemos miedo. Tememos asumir la responsabilidad de lo que vendrá después. Debemos tomar muchas decisiones —las cuales podrían hundir o culminar venturosamente el proyecto— y sería agradable disponer de alguien que lo haga. Si cedemos la responsabilidad a otro, tendremos a quién culpar si el proyecto naufraga.

El estudio eligió el título. Yo no quería que se estrenara en el verano, fue idea de ellos. Ojalá hubiera podido... Ellos hubieran hecho que... La próxima vez...

Los productos de venta duradera son creación de personas adultas y los adultos asumen la responsabilidad de sí mismos. Los niños esperan que se les den oportunidades; la madurez consiste en entender que es preciso arrebatarlas. El panorama competitivo de la creación de algo duradero no es para quienes creen que lo merecen todo o que se comprometen a medias. La competencia es muy intensa en nuestros días; el mar está hoy más agitado que nunca. *Cada minuto* se suben a YouTube más de cuatrocientas horas de contenido; cada año solicitan ingresar a Y Combinator más de 6 mil nuevas empresas y 10 mil personas egresan de la carrera de teatro; cada año más de 125 mil personas obtienen su maestría en administración de empresas y se publican más de 300 mil libros en Estados Unidos. Aun con sólo 5% de desempleo en ese país, 8 millones de personas buscan trabajo. Nadie tiene motivo ni tiempo para darte un trato de estrella; nadie quiere comprometerse a pulir un diamante en bruto. Si quieres tener éxito, más vale que lo pulas, lo engastes y lo ajustes al tamaño exacto.

¿Qué significa esto? En un nivel muy básico, que si no trabajas en cada faceta, eres reemplazable. Para las editoriales, estudios, inversionistas *y* clientes por igual.

Seth Godin explica que "ser muy bueno en algo es apenas el primer paso. Para conquistar la recomendación verbal debes lograr que [tu producto] sea inofensivo y divertido, y venza los obstáculos sociales para correr la voz".

Aquí la palabra clave (e implícita) es: TÚ; tú debes hacerlo. Eres el director de tu proyecto. Toda la responsabilidad y el liderazgo recaen en ti, como el creador, aun si tienes socios, como un publicista, comprador, editor o quien sea. Que dispongas de ayuda no quiere decir que otros se hagan cargo de todo por ti o que llegarán a un consenso; tampoco implica que todo saldrá conforme a tus deseos.

En momentos de conflicto y confusión, ¿quién posee una visión mejor que la tuya acerca de cómo deben ser las cosas? ¿Quién comprende mejor el lugar que todo esto ocupa en tu carrera? ¿Quién más cuidará los detalles, la coherencia, la integridad y las demás minucias que contribuyen a distinguir lo memorable de lo mediocre? ¿Quién tiene el interés financiero o los ánimos para llevar todo esto a feliz término?

Para volver a la metáfora del libro, cualquiera puede elegir una cubierta o improvisar un título fiable, pero ¿quién sabe cuál es la mejor opción en una u otra de estas decisiones? *Sólo tú.* Cualquiera puede hacer anotaciones en un guion o sugerir ideas para mejorar un producto, pero ¿quién puede separar lo útil de lo nocivo? *Sólo tú.* ¿Quién puede amparar su esencia contra toda polémica? ¿Quién defenderá la integridad de la obra? La respuesta es tú y sólo tú.

BUSCA A TU "EDITOR"

Una vez que comprendes que las posibilidades de éxito o fracaso de tu proyecto recaen completamente en ti, debes emprender una tarea paradójica y difícil: buscar una o varias voces externas, de tu confianza, y someter tu trabajo a su consideración.

¿Qué cosa muy importante hacen los escritores cuando terminan un borrador? Hacérselo llegar a un editor: *un editor*. No se lo envían a sus amigos para que les den ideas; aunque éstos podrían ser de gran utilidad, los escritores trabajan en definitiva con un editor. El término común en la industria es ilustrativo: un escritor *somete* un manuscrito a la consideración de un editor.

De igual modo, los guionistas se *apegan* a los productores, con quienes desarrollan un proyecto. Los músicos cuentan con un *ingeniero*, y un *productor* termina con ellos un álbum (que más tarde se *masteriza*). Hasta Michael Jordan jugaba *bajo* la supervisión de un entrenador titular.

¿Por qué? Cuando la gente está cerca de su proyecto o idea, pierde la capacidad de ver las cosas con objetividad. Quizás está convencida de que llevó su trabajo lo más lejos que pudo, y en estricto sentido, dadas las limitaciones e inexperiencia de un individuo, eso podría ser cierto. Pero al final, para llevar un proyecto a su destino tendrás que apoyarte en un editor que te ayude a lograrlo. Ésta es la parte más controvertible de todo proceso creativo: que justo cuando crees haber "terminado", con frecuencia descubres que aún estás muy lejos de la conclusión.

He aquí otra frase célebre de Hemingway sobre el arte de escribir: "El primer borrador de cualquier cosa es una porquería". Imagina lo que ocurriría si a cada escritor o creador se le diera carta blanca para hacer lo que quisiera en un mundo en el que nadie objetara el trabajo de los demás y le diera luz verde sin haberlo visto. Por atractivo que esto resulte para los creadores, la consecuencia sería una avalancha de primeros borradores sumamente imperfectos, ofrecidos como productos terminados. Tras su ejecución inicial, la mayoría de nuestras ideas son risiblemente erróneas. Por eso necesitamos ayuda; por eso un paso importante de esta parte del libro es darnos tiempo para revisar lo que hicimos en la parte I.

En 1957, la joven y primeriza novelista Harper Lee sometió su manuscrito a la consideración de la editora Tay Hohoff. Aunque ésta se mostró receptiva, dejó en claro que el libro debía trabajarse mucho para poderse publicar. En sus propias palabras, era "una serie de anécdotas más que una novela cabalmente concebida". Al parecer, Lee se había propuesto crear una novela en toda forma y creía haberlo logrado cuando llevó su manuscrito a Hohoff. Pero alguien en quien confiaba le decía de pronto que quizás había fracasado.

En la historia del arte y la cultura, muchas cosas dependen de momentos como ése. Frente a comentarios desalentadores o de rechazo, ¿cómo reacciona el creador? ¿Con enojo y arrogancia? ¿Con mente abierta e interés? ¿Con amabilidad o con desesperanza? ¿O con una cuidadosa consideración para captar la señal detrás del ruido? La decisión del creador ante esa coyuntura crítica determina si el proyecto expirará en ese instante, cambiará a causa de la intervención de terceros hasta volverse irreconocible o pasará de un decente intento inicial a una obra maestra.

Por fortuna para todos, Harper Lee fue lo bastante sabia para escuchar. En el curso de varias versiones, a lo largo de más de dos años, renovó por completo la trama y los personajes sin sacrificar su perspectiva y creó *Matar a un ruiseñor*, una de las más grandes obras de la literatura estadunidense.

Es común que desconozcamos este proceso; no escuchamos, por ejemplo, los demos descartados de Adele ni sabemos que lo rescatable de ellos se mejoró y reimaginó. Tampoco conocemos las versiones de un libro previas a la intervención del editor ni la ayuda que un creador recibió para tomar conciencia de su verdadera visión. *Matar a un ruiseñor* es, no obstante, un caso especial. Cincuenta años después de su elaboración, el manuscrito original fue publicado bajo el título de *Ve y pon un centinela*. Pese a las fanfarrias con que se recibió esta versión, resultó que la editora de Lee había estado en lo cierto: el manuscrito es deficiente, los personajes no están del todo acabados, sus actitudes dificultan identificarse con ellos y el mensaje del libro es confuso. Aunque al principio se vendió bien (gracias sobre todo a la reputación de la autora y a que su libro se considera un clásico en el cine y la literatura), no se acercará a los 30 millones de ejemplares de *Matar a un ruiseñor*. Tras la publicación del manuscrito, muchas librerías ofrecieron devolver su dinero a quienes se decían defraudados. *Ve y pon un centinela* no se estudiará en muchas aulas de preparatoria, salvo por el color que añade a la deslumbrante versión de conocimiento público.

De ahí la eficacia de incorporar la perspectiva de una segunda persona. Esto puede hacer la diferencia entre un clásico que cambia la vida y el mundo y un fiasco decepcionante.

Quien haya trabajado con un editor en cualquier proyecto, sabe quién manda —las decisiones últimas recaen de todos modos en el creador, por incómodo que esto resulte—, pero para crear algo de veras grande debes someterte, y someter tu trabajo, a ese proceso de retroalimentación. Sea en las de un inversionista, un ejecutivo con poder de decisión o un editor, en algún momento tendrás que poner tu obra en manos ajenas.

Ya mencioné a Adele, ganadora de múltiples discos de platino. Cuando terminó de preparar los demos del álbum posterior a *21*, con el que sentó precedente, buscó a su productor, Rick Rubin, y le dijo que estaba lista para dar el último paso: la grabación. Él la escuchó sin decir nada y luego le dio una única respuesta: "No lo creo". Como más tarde contaría ella misma a la revista *Rolling Stone*, "cuando me dijo eso, me sentí confundida y devastada, con ganas de llorar de desconsuelo. Pero nada más le dije: 'En este momento ni siquiera yo creo en mí, así que no me sorprende que hayas dicho esa atrocidad'".

Volvió a empezar, lo que supuso otros dos *años* de trabajo. Su recompensa fue doble. Primero, el nuevo disco se tituló *25*, no *27*, pese a que ella quería que reflejara su verdadera edad. Más todavía, sus fans le hicieron el

máximo cumplido: compraron 3.4 millones de copias tan sólo en la primera
semana, haciendo trizas así, por casi un millón de copias, el récord anterior
(que NSYNC estableció en 2000, la presunta marca invencible de la industria).

   ¿Qué posibilidades hay de que tu prototipo sea perfecto desde el primer
momento? *El gran Gatsby* fue rechazado varias veces. WD-40 debe su nombre a las cuarenta tentativas que sus creadores hicieron para dar con la fórmula conveniente. Ninguno de mis libros ha sido aceptado de inmediato por
mi editorial; todos me han sido devueltos al instante. Obligado a regresar
al manuscrito, he llevado mis libros adonde debían estar. Ahora lo sé, pero
en cada oportunidad ha sido exasperante que me digan: "Todavía falta".*

   Por irritante que sea, debemos ser racionales e imparciales con nuestra labor. Esto es difícil si se toma en cuenta nuestro conflicto de interés, el
mayor que pueda existir, porque nosotros hicimos ese trabajo. Para superar
eso, debemos permitir la participación de personas objetivas. Pregúntate:
"¿Qué posibilidad hay de que yo esté en lo cierto y los demás estén equivocados?" Es mejor que *consideremos* los motivos de que otros tengan obje-
ciones, porque la verdad suele estar en el punto medio.

   En lo relativo a los comentarios, creo que el consejo de Neil Gaiman
capta la actitud correcta: "Recuerda: cuando la gente te dice que algo está
mal o no le funciona, casi siempre tiene razón; cuando te dice exactamente
que está mal y cómo arreglarlo, casi siempre está equivocada".

   Sólo tú sabes cómo arreglarlo, pero nunca descubrirás qué está mal si
no aceptas la colaboración de otros y sus opiniones. Me agrada la lógica de
Y Combinator en su preferencia por nuevas empresas con más de un fundador. ¿La razón? Si no puedes trabajar en común con alguien (o nadie quiere
asociarse contigo), eso indica algo sobre el proyecto y tu forma de trabajar.
Incluso cuando haya un director único, ¿acaso éste no toma las grandes decisiones apoyándose en un grupo de consejeros o asesores de su confianza?

   Son muchos quienes se resisten a someterse a un modelo así o a plan-
tearse esas preguntas difíciles. Lo vi hace poco con un cliente. Contra-
tó por varios meses los servicios de mercadotecnia de mi despacho, tras

---

* Añado esta nota para señalar que ésta es mi quinta versión del manuscrito de este libro.
  Aunque ignoro por cuántas tentativas y rondas de correcciones ha pasado, eso significa que he oído la respuesta "todavía no" cuando menos cuatro veces. ¿Lo lograré en esta
  ocasión? No sé, pero continuaré intentando hasta conseguirlo.

convencernos de que su producto estaba listo para arribar al mercado. No obstante, cuando lo analicé percibí varios problemas fundamentales: se parecía a otras apps ya disponibles, era difícil de explicar y resolvía una sola molestia un tanto enigmática de una base de usuarios inexistente, o integrada quizá por un solo individuo: él mismo. El fundador de la compañía estaba tan entusiasmado con el producto que había sobrestimado sus méritos.

Mientras mi equipo y yo intentábamos explicarle esto, proponíamos varias soluciones a los problemas obvios y sugeríamos posponer el lanzamiento, recibí un abrupto mensaje electrónico: ese ejecutivo ya no quería trabajar con nosotros, pese a que esto implicaba perder el anticipo, bastante cuantioso, que nos había pagado.

Era su proyecto (y su dinero), así que estaba en libertad de hacer lo que quisiera. Además, trato siempre de evaluar mis posibles tropiezos en una interacción. ¿Fui demasiado brusco? ¿Quise ganar tiempo? ¿Me proyecté? No fue así, no estaba en un error. Sin un mercado de verdad, el producto perdió el rumbo y no despegó nunca; al final fue cancelado y desperdició varios millones de dólares de financiamiento. Lo deseable habría sido que la compañía hubiera reflexionado o pedido comentarios en una etapa previa a la comercialización; el problema fue que creyó estar lista para iniciar la mercadotecnia y se rehusó a oír opiniones que, a su juicio, le impedían avanzar.

Recuerdo esta situación cada vez que recibo comentarios desagradables o inoportunos acerca de mis proyectos. ¿Quiero ignorarlos porque son errados o porque no deseo detenerme y trabajar más? Son también una advertencia para no creer que "he acabado" demasiado pronto. Entonces opto por prolongar la fase de revisión introspectiva, porque podría ayudarme a descubrir que mi proyecto no funciona justo el día de su presentación.

A la inversa, pienso que el volátil pero muy exitoso emprendedor James Altucher es un ejemplo positivo de cómo reaccionar a los comentarios. Cuando mi despacho colaboró con él en su libro *Choose Yourself*, nos ofreció lo que estimaba un manuscrito terminado junto con un ambicioso programa de lanzamiento. Sería una edición de autor, así que los consejos que recibiera serían opcionales; tenía la posibilidad de hacer su voluntad. Pero cuando le hicimos saber claramente que el libro no estaba listo para su publicación, escuchó. En un periodo de seis meses lo sometimos a dieciséis rondas de correcciones, que incluyeron una reestructuración completa, la eliminación de cuatro capítulos y la adición de dos, a petición de su editor.

Él no se quejó nunca, pese a que es probable que nada de eso le agradara. El resultado fue un libro seminal de superación personal que *USA Today* catalogó como uno de los doce mejores libros de negocios de todos los tiempos, que en su momento vendió 600 mil ejemplares y actualmente demanda 50 mil copias al año.

Cualquier proyecto debe pasar por ese proceso, sea con un editor, un productor, un socio, un grupo de usuarios de prueba o sólo ante tu obstinado perfeccionismo, como prefieras, pero disponer de voces externas es crucial. A la mayoría le aterra lo que una voz exterior puede decir, por lo que decide dejar pasar las oportunidades de mejora. Recuerda: recibir comentarios requiere humildad. Te exige subordinar lo que piensas de tu proyecto y tu amor por él y aceptar la idea de que alguien más podría tener un par de cosas valiosas que decir.

Nadie elabora un primer borrador impecable ni crea un segundo borrador mejor sin la intervención de alguien más, nadie.

PULE Y PERFECCIONA, PRUEBA Y VUELVE A PROBAR

Debes poner a prueba tu proyecto no nada más mientras trabajas en él sino también, y sobre todo, cuando empieza a cobrar forma como un producto final. Si sabes qué tienes, lo puedes mejorar; puedes decidir qué hacer con él y podrás ajustar tus expectativas.

El compositor Max Martin, quien ha escrito canciones para Céline Dion, Taylor Swift, Bon Jovi y Adele, entre muchos otros, somete sus letras casi terminadas a lo que él llama "la prueba del coche" consistente en hacerlas sonar a todo volumen en el estéreo de su auto mientras recorre velozmente un hermoso trecho de la carretera de la costa de Los Ángeles. *¿Cómo suena tal canción? ¿Qué le aporta a esa experiencia?* Éstas son las preguntas que se hace durante ese paseo panorámico. ¿Por qué? Porque sabe que la música es *para* eso: para alegrar la vida de la gente, dar un nuevo ímpetu a sus viajes e intensificar sus experiencias ordinarias.*

---

* Si crees que la música de Max Martin es demasiado *pop*, piensa que James Hetfield y Lars Ulrich, de Metallica, aseguran haber usado la "prueba del coche" durante al menos dos décadas. Si alguna vez has oído su canción "Fuel" mientras manejas, ya sabes cómo funciona esto.

Después de todo, la música se hace para el mundo, no para un estudio de grabación. En su increíble biografía de los Rolling Stones, Rich Cohen cuenta que Mick Jagger discutió una vez con un ingeniero sobre qué canción lanzarían como sencillo. El ingeniero dijo que para saberlo había que oírlas en la radio, momento para el cual, sin embargo, ya era demasiado tarde. Cuenta la leyenda que el representante de la banda oyó por casualidad esa conversación, llamó a una radiodifusora local y le pidió que transmitiera por adelantado la melodía en cuestión. Aun si nosotros no tenemos tanta influencia —e incluso si esa historia es apócrifa—, podemos apreciar esa sagaz comprensión del mundo de la música: no se trata de lo que te gusta a ti, sino de lo que los fans opinan que se oye mejor.

La prueba de Max Martin es una variante de esto y ataca el mismo problema. Al oír la música a bordo de su coche en uno de los caminos más bellos del mundo, se pone en la posición de su público ideal y se pregunta: "¿Esto le dará una experiencia valiosa?"

Si una canción no pasa la prueba, ¿qué crees que hace con ella? ¿Sigue adelante pese a la sospecha de que arrojará un mal resultado? ¡Claro que no! La trabaja hasta que queda como debe, por más que prefiera darla por terminada y resienta la presión de una fecha límite.

Debemos tener una disciplina así para hacer una pausa y volver al estudio hasta que nuestra labor cumpla nuestros estándares y los de nuestros fans. Debemos tener una prueba propia: ¿un resumen del libro funcionaría como charla? ¿Los primeros usuarios a los que les regalaste prototipos ya son adictos a las versiones preliminares del producto? ¿Si te emociona hará lo mismo por otros?

La prueba de cada producto será diferente, lo mismo que la afinación y ajustes que apliquemos como respuesta a los comentarios recibidos, pero hay que darse tiempo para hacerlo. Se nos podría ocurrir el más fabuloso título para una canción o podríamos envolverla con la más hermosa portada, pero si la obra no convence, ¿de qué servirá lo demás? Por eso trabajamos con nuestros editores; por eso probamos y volvemos a experimentar, pulimos y perfeccionamos. Aunque quisiéramos poner el punto final, aunque estemos listos para avanzar, no nos detenemos hasta que hemos pasado la prueba.

UNA ORACIÓN, UN PÁRRAFO, UNA PÁGINA

Una pregunta fundamental sobre el conocimiento se remonta a Platón y Sócrates: "Si no sabes qué buscas, ¿cómo sabrás que lo encontraste?".

En los proyectos creativos nos topamos con algo similar en esta etapa del proceso. Corregimos, mejoramos, afinamos y probamos para ver los resultados de estos esfuerzos, pero no lo hacemos por hacerlo o porque sea divertido, sino para llegar a algo.

¿A qué?

Ésta no es una pregunta ociosa; tiene una respuesta específica, propia de cada proyecto.

En determinado momento, tras la conclusión del grueso de la producción creativa, pero antes de que la labor esté terminada, un creador debe dar un paso atrás y preguntarse: "¿Qué quería lograr con todo esto? ¿Lo conseguí? ¿Qué debo cambiar o mejorar para obtenerlo?"

Una vez más, no creo que *sea suficiente* con reflexionar en esa pregunta. Amazon ha desarrollado una cultura interna que alienta la toma de apuntes sobre ideas, políticas, sugerencias, problemas y soluciones; *escribir para pensar* es su creencia. Por eso esa compañía exige a sus gerentes que, previo a lanzar un producto, escriban el respectivo comunicado de prensa *antes* de que la idea reciba luz verde. Si no pueden expresar su idea en forma seductora y persuasiva en esa temprana etapa, al menos se percatarán a tiempo, antes de haber lanzado *tal basura*.

Elaboré un ejercicio similar que me gusta hacer en todos mis proyectos, al que nombré "Una oración, un párrafo, una página". Consiste en lo siguiente.

Haz a un lado tu sitio web, la versión de prueba de tu app o tu manuscrito y toma una hoja o abre un documento de Word en blanco. Con la mente fresca, intenta explicar por escrito exactamente qué es tu proyecto. Hazlo en...

Una oración.

Un párrafo.

Una página.

Es un _____ que hace _____. Ayudará a la gente a _____.

Completa estas oraciones siguiendo esas tres extensiones. Es recomendable que escribas este ejercicio en tercera persona, para que te distancies del proyecto y no incurras en "Bueno, creo que..."; lidia en cambio con realidades objetivas.

Si se me permite irme un minuto por la tangente, quizá la parte esencial de esa oración con espacios en blanco sea la primera, que expresa *qué es el proyecto*. ¿Se trata de un libro, una película hollywoodense de alto presupuesto, una pieza experimental de arte moderno? En resumen, *¿a qué género pertenece?*

El género es importante. Si has escrito un sensacional álbum de rock, pero más de una de sus canciones versan sobre Jesús, la gente le asignará el género de rock cristiano. Si ésa es tu intención, perfecto; de lo contrario, tendrás que hacer algunos cambios. Si quieres escribir la biografía definitiva de un personaje histórico famoso que merezca el Premio Pulitzer, pero consta únicamente de ciento veintiséis páginas, quizás has infringido los requisitos tácitos del género. ¿Tu proyecto consiste en una cafetería, un espacio de trabajo colaborativo o un club privado exclusivo para sus miembros? Es muy probable que no pueda ser las tres cosas al mismo tiempo, sin confundir o ahuyentar a los clientes que buscan una de esas opciones.

Cuando tu propuesta para tus posibles clientes dice: "Es como [un género al azar] combinado con [un género al azar] y un poco de [un tercer género al azar]", ¿sabes qué percibirán? Confusión. Maquillar ligeramente en una novela tus experiencias confidenciales como empleado de Wall Street no conquistará el *doble* de público: aficionados a la ficción y gente de negocios. En realidad, podría reducirlo a la mitad, porque has violado expresamente las convenciones básicas de dos áreas bien definidas. Además, es improbable que los medios se interesen en tus veraces relatos de lo que sucede en el mundo de los fondos de inversión *y* te será difícil conseguir que el lector promedio de ficción se emocione con una trama tan trivial o que comprenda por qué lo que escribiste es importante.

Esto no quiere decir que no puedas o no debas romper reglas con tu obra; recuerda que es recomendable ser valiente y enérgico. No obstante, debes saber que eso podría volver más ardua tu tarea, lo que deberás compensar de varias formas durante el proceso creativo, la presentación y posicionamiento y, sin duda, al planear la mercadotecnia. En una conversación para un podcast con el guionista Brian Koppelman, Seth Godin explicó: "Todo lo que posee un camino claro al éxito comercial pertenece a un género". Tenemos que ser capaces de hallar la categoría de cada cosa, para que sepamos dónde cabe. Y en tu calidad de creador, deberás ser claro y sincero contigo mismo acerca del lugar que tu trabajo ocupará desde el punto de vista de la gente.

Por eso hacemos este ejercicio: para saber dónde encajamos. Para conocer nuestras expectativas y lo que deberemos hacer para cumplirlas (lo que en algunos casos podría demandar que seamos el doble de buenos en nuestro campo, sólo para compensar la escasa claridad de nuestra propuesta).

[Con esto termina mi divagación sobre el género.]

Cuando sabes a qué género pertenece tu proyecto y lo que quieres lograr, saber qué decisiones importan y cuáles no adquiere claridad. Jon Favreau explicó en una entrevista que cuando empezó a planear *Iron Man*, decidió que su visión dependía por completo de que Robert Downey Jr. protagonizara la película. Las otras decisiones —los demás actores, cómo rodar la cinta, el equipo técnico que necesitaba— serían muy claras si tal cosa sucedía. Puede decirse que su frase era: "Robert Downey Jr. es Iron Man" (quizás, en una formulación más extensa: "Haremos una película de superhéroes de alto presupuesto en la que todo gira alrededor de que Robert Downey Jr. sea un singular pero antipático Iron Man").

La peculiar insistencia de Favreau generó una de las franquicias más valiosas en la historia del cine, aunque cabe imaginar que él podría haberse inclinado a desdeñar las notas y sugerencias de los ejecutivos del estudio que querían otra cosa. Por eso los creadores deben conocer las variables en torno a las cuales girará el proyecto; deben saber qué convenciones del género conservarán y cuáles se arriesgarán a transformar o desarticular; deben comprender —así sea en forma meramente intuitiva— qué hacen y qué persiguen. Si hacen esto, el resto se alineará en consecuencia; si no, ¿cómo sabrán si lo lograron? ¿De qué otra manera se consolidará todo lo que venga después, desde el póster hasta la mercadotecnia?

Realizar bien este ejercicio podría implicar varios borradores y volver al producto para afinarlo. Seguir este proceso nos obliga asimismo a explicar sucintamente qué tenemos, para qué sirve y por qué debería importarle a alguien. Si no somos capaces de manifestarlo, eso pondrá en entredicho la viabilidad de lo que creamos y nuestra aptitud para exponerlo al público.

La parte más relevante del proceso es comparar los resultados de este ejercicio con el producto que elaboramos. ¿Lo que escribiste en verdad detalla los méritos por los que tu guion es digno de ser producido? ¿Tu frase atrapará el interés de un inversionista en un elevador? Podrías descubrir que, en efecto, tus respuestas son persuasivas, pero que tu obra no cumple lo que propone o es mucho más compleja e importante de lo que tu síntesis sugiere. De ser éste el caso —si tu producto es magnífico pero lo que escribiste es pura palabrería—, deberás replantear cómo hablarás de él; quizá todavía no hayas entendido bien tu tema.

Aquí es donde el editor (o una mirada previa sobre el proyecto) entra en juego otra vez. Le dices: "Lo que persigo es esto. ¿Crees que estoy cerca? ¿Qué cambios debo hacer en mi [texto, diseño, música, arte, etcétera] para llegar a donde quiero?"

Los creadores no suelen detenerse a comparar a profundidad su primera tentativa con su objetivo; a menudo no pueden articular siquiera adónde quieren llegar y en qué consiste hacerlo.

En cambio, se las arreglan sobre la marcha. ¿El resultado? Un nombre y un eslogan publicitarios que no tienen relación con el proyecto; una descripción extensa y apasionada de la obra, pero indescifrable para cualquiera que no sea el creador o, peor aún, un aburrido perfil comercial del producto en el que no se invirtieron tiempo ni ideas para que resultara interesante.

¿QUÉ PERSIGUES?

En la fase conceptual fue esencial que tuvieras una noción acerca de a quién está destinado tu trabajo; una flecha sin rumbo raramente da en el blanco. Como lo hiciste en el ejercicio anterior, ahora es momento de volver al público para ver si en verdad creaste algo que necesita. Dependiendo de tu respuesta, después harás ajustes al público meta o al producto hasta que obtengas una coincidencia perfecta.

La audiencia que persigues es el último espacio en blanco en el ejercicio "Es un _____ que hace _____". Es el remate de todo lo demás: "Es un _____ que hace _____ *para* _____".

A lo largo de los años, he hecho esa pregunta a incontables personas y la lista de respuestas equivocadas llenaría páginas. Algunas particularmente atroces y frecuentes son:

- "Para todos"
- "Para la gente inteligente"
- "Para las personas que leen a Malcolm Gladwell"
- "Para mí"

El problema de estas respuestas no es nada más que sean vagas ("para la gente inteligente") o ridículas ("para mí"), sino que tales audiencias *no existen*. Ninguna convención específica vincula entre sí a los aficionados a los libros de Malcolm Gladwell;* no todos visitan el mismo sitio web. Así como cada político debe formar su propia coalición para ganar, ningún creador puede heredar mágicamente el público de otro. Sea cual sea tu producto, no es para "todos"; ni siquiera la Biblia. ¿Basta con que sea sólo para ti? Sé que no te sentirás satisfecho si sólo vendes *un* ejemplar.

Esas respuestas son totalmente erradas. No obstante, la más común es más alarmante todavía, la del creador que dice a propósito de una pregunta acerca del público: "No sé, no he pensado mucho en eso".

Si no has pensado a quién quieres llegar, ¿en qué *has* pensado entonces? Se supone que posees una visión de las personas que podrían adquirir o usar lo que tanto tiempo dedicaste a hacer. ¿Cómo podrías ignorar quiénes son? ¡No las encontrarás por accidente!

Contrario a lo que piensa la mayoría sobre el contenido viral gracias al que BuzzFeed debe su fama, su fundador, Jonah Peretti, dice que cada artículo que se publica ahí no fue hecho para ser leído por millones de personas. Sí, cada publicación se difunde socialmente, pero se supone que es viral *para el público* al que va dirigido, sea cual sea su tamaño. Hacer eso implica saber quiénes componen ese público *al mismo tiempo* que se prepara el contenido.

Cuando Susan Cain publicó su libro sobre la introversión tenía en mente una audiencia muy específica: los introvertidos. Se trataba de una comunidad tradicionalmente mal atendida, lo cual es todavía mejor desde la perspectiva del posicionamiento (cuando la oferta baja, la demanda sube). El resultado fue *Silencio: El poder de los introvertidos en un mundo que no*

---

* Es curioso que muchos académicos se quejen de que Gladwell "popularizó" su trabajo. Lo que en realidad quieren decir es: "Él sabe cómo llegar a la gente mejor que nosotros; es mejor para explicarle al mundo nuestros descubrimientos".

puede dejar de hablar, una sensación editorial que no sólo ha vendido más de 2 millones de ejemplares, sino que también dio origen a cursos, consultorías de liderazgo y una TED Talk tan viral que ha sido vista más de 14 millones de veces. Imagina que Cain hubiera hecho una deficiente gestión de marca o definición del producto inicial; imagina que, en su manuscrito preliminar, no hubiera definido claramente la introversión ni provisto suficientes sugerencias y estrategias prácticas, y que su editor le hubiera dejado las cosas así. ¿Crees que en estas condiciones habría tenido tanto éxito?

De igual manera, es obvio que la serie *Left Behind* se dirige a los cristianos. Sus películas, libros, novelas gráficas, videojuegos y álbumes son prédicas elaboradas para un grupo muy específico en mente.

Cannibal Holocaust (Holocausto caníbal) es una tétrica y retorcida película de horror dirigida a los más recalcitrantes fanáticos de ese género; ciertamente no es para críticos que se las dan de intelectuales ni para el cinéfilo promedio.

Las giras de la *Blue Collar Comedy* (con conocidos cómicos sureños), los *Three Amigos* (latinos), los *Kings of Comedy* (afroestadunidenses) y el *Axis of Evil Comedy* (del Medio Oriente) tuvieron por destinatarios a grupos étnicos y sociales muy específicos.

La televisora ABC adoptó desde 2009 un enfoque similar en su programación nocturna de entre semana. Desarrolló varias series familiares orientadas a distintos segmentos de su público general. *Modern Family* (transmitida desde 2009) trata de una familia diversa y presenta tipos diferentes de relaciones contemporáneas; *The Middle* (2009) va dirigida a la clase obrera del Medio Oeste; *The Goldbergs* (2013) es un programa nostálgico sobre los años ochenta; *Blackish* (2014) trata de una familia negra suburbana de clase media alta, y *Fresh Off the Boat* (2015) describe a los inmigrantes asiáticos que intentan salir adelante en la Florida suburbana.

¿Tuvieron estos proyectos audiencias adicionales? Desde luego que sí —los creadores confiaban en un atractivo generalizado—, pero su punto fuerte es que fueron específicamente diseñados para un sector demográfico preciso, mal atendido.

En mi primer libro, *Confía en mí, estoy mintiendo*, yo sabía que me dirigía específicamente a la gente de los medios, los publicistas y una nueva generación de empleados de las redes sociales. He aquí cómo formulé mi propuesta:

El empleo en las redes sociales es uno de los sectores de mayor crecimiento en la economía. [...] Esta pujante fuerza de trabajo devora con ansia toda la información a su alcance; sus jóvenes miembros no entienden todavía cómo opera una industria que apenas está en pañales. Muy distinto a los inútiles y sermoneadores libros de críticos de los medios y a títulos prácticos "para idiotas", *Confesiones de un sicario en los medios* no sólo es un ilustrativo manual para dominar el salvaje mundo de las redes sociales sino también una sincera advertencia sobre sus riesgos, escrito por alguien que estuvo ahí. Si se le comercializa de acuerdo con esta propuesta, busca inspirar y definir a una generación de empleados igual que como lo hizo su predecesor, *Confesiones de un publicista*, de David Ogilvy, el cual se convirtió en la Biblia de la publicidad y las relaciones públicas, el cual sigue en circulación más de cincuenta años después de su lanzamiento y vendió más de un millón de ejemplares.

El título cambió al final y el libro se escribió y corrigió a lo largo de un año para estar a la altura del que, lo admito, era un lenguaje ampuloso, pero la audiencia no cambió. Tuve que esforzarme mucho para cumplir ese objetivo, lo cual fue posible gracias a que lo había articulado.

Debes ser capaz de enunciar explícitamente para quién haces tu proyecto. Debes saber qué persigues, o equivocarás el camino. Debes dominarlo para que puedas tomar las decisiones que posicionarán apropiadamente el proyecto en función de tu público. Debes percibirlo para que corrijas y pulas el trabajo hasta que sea tan imponente que tu grupo objetivo no pueda resistirse a comprarlo. De esta forma, la mercadotecnia se transforma en búsqueda de esas personas y de la mejor manera de llegar a ellas.

¿ENTRE MÁS GRANDE, MEJOR?

Como creadores nos dividimos en dos bandos: los que sueñan con el predominio y estrellato absolutos y los que conservan un desdén exótico por la popularidad. Opino que estos dos extremos son igualmente ridículos.

Concibo la popularidad como una serie de círculos concéntricos (si bien un producto podría significar cosas muy diferentes para grupos diferentes). Cada pequeña audiencia cabe dentro de otra, potencialmente mayor. Por ejemplo, los jóvenes neoyorquinos que gustan del heavy metal son un subconjunto de los aficionados al rock y, a su vez, las embarazadas son un grupo que contiene al de las embarazadas que trabajan desde su hogar.

Hace tiempo asistí a una charla en la que el fundador de Justin's Peanut Butter fue cuestionado acerca de por qué había elaborado primero la crema de cacahuate cremosa en lugar de la crujiente, y éste dio una respuesta impactante: en sus pruebas descubrió que quienes prefieren la crema de cacahuate crujiente no tenían problema en consumir la cremosa; mientras que quienes prefieren la cremosa *evitan por completo* la crujiente. Elaborar primero la crema de cacahuate cremosa le permitió llegar a ambos públicos, con la posibilidad de extender el mercado tiempo después. Si hubiera comenzado fabricando la crema crujiente, no habría tenido ninguna posibilidad de crecimiento. A los creadores suele resultarles más fácil llegar al grupo más pequeño y mejor definido; si llegas a él y lo vuelves loco, podrás extenderte en todas direcciones (en muchos casos tus compradores harán eso por ti: recomendarán tu trabajo a personas parecidas, aunque no idénticas, a ellos). La clave de esto es atender primero a la *audiencia básica*, sin ahuyentar a los demás, para que más tarde puedas crecer desde el centro.

Lady Gaga elaboró concienzudamente su sonido e imagen dirigiéndose a fanáticos de bares gays, discotecas y espectáculos de burlesque de Nueva York y San Francisco. Después llevó ese sonido y teatralidad a otros lugares y hacia la gente de la moda y luego al mercado general. Una famosa frase de *Sex and the City*, escrita mucho antes de que la carrera de Lady Gaga empezara siquiera, describe con exactitud su trayectoria: "Primero llegaron los gays, después las mujeres y luego la industria".

Muchos artistas de gran popularidad han seguido, a su manera, ese mismo camino.

Como sea, tienes que empezar con algo, de preferencia cuantificable. Es decir: ¿quién compra los primeros mil ejemplares? ¿Quién acude el primer día? ¿Quién solicita nuestras primeras citas disponibles? ¿Quién compra nuestra primera tanda de producción?

Aunque la cifra diferirá por producto y nicho, hay reglas generales. En los libros, el emprendedor y superagente editorial Shawn Coyne (que representa a escritores como Robert McKee, Jon Krakauer y Michael Connelly) utiliza como punto de referencia la cifra de 10 mil lectores. Sabe por experiencia que ésa es la cantidad que se necesita para que un libro sea afortunado y sus ideas se propaguen. No olvides que *mucho* no es un número. El célebre promotor musical y productor de cine Jerry Weintraub (*Karate Kid* y la serie de películas *Ocean's*) cuenta en sus memorias, *When I Stop Talking, You'll Know I'm Dead*, algo muy instructivo respecto a esto. Una vez se le ocurrió rentar el estadio de los Yanquis para presentar ahí un juego de softbol de celebridades en el que participaría Elvis Presley; el dueño de ese equipo lo llevó a la cancha un día en que el estadio estaba vacío y lo puso a mirar todos los asientos desocupados, cada uno de los cuales representaba una persona a la que sería preciso atraer, convencer de pagar y acudir para que el evento resultara viable. Aquélla fue una lección formativa, escribió Weintraub. "Cada vez que considero una idea, imagino los asientos detrás de la segunda base del estadio de los Yanquis. ¿Puedo vender esa cantidad de boletos? ¿La mitad? ¿El doble?"

Con un número concreto en mente, es mucho más fácil establecer qué necesitará tu público y cómo coincidir con eso. Más todavía, podrás prever qué espera, para sentirse atraído por lo que haces.

Yo recibí una lección de esa naturaleza cuando era asistente de investigación de Robert Greene. Él me enviaba a buscar relatos que le sirvieran para sus libros y yo regresaba con opciones. Una vez miró el material que yo había reunido durante varias semanas y me dijo algo como "Todas tus historias son de hombres blancos del siglo xix, Ryan; eso no dará resultado". Quería que su tarea contuviera ejemplos muy diversos *para que la totalidad de los lectores se sintieran incluidos en ella.* Fue muy selectivo cuando eligió entre los expertos que retrataría en su libro *Maestría*; debían tener diferentes ocupaciones —un piloto de guerra, un mánager de box, un inventor de robots, un artista premiado— y diversos orígenes, géneros y culturas. Este perspicaz método me hizo comprender que él quería que cada lector hallara en su libro alguien con quién identificarse, que se viera a sí mismo en esas páginas (nada emociona más a un lector que verse como el protagonista) y también que el lector viera ahí a sus amigos, familiares y colegas, para recomendarles el libro después.

A fin de que el público se identifique con tu trabajo, tienes que crear un espacio para él. Evita la trampa de crearlo para ti, porque no serás tú quien lo compre. Así, la insistencia de Greene en la diversidad no se desprendía sólo de su genuino sentido de la imparcialidad y la tolerancia; en sus decisiones había también una formidable lógica de negocios: cada maestro era un conducto a una nueva comunidad que el libro podía atraer y en la que podía ser promovido. Esta ventaja de mercadotecnia —o premercadotecnia, más bien— se integró directamente a las fases de la escritura y la edición.

¿Estás seguro de que tienes aspectos, escenas y material relevantes para tu público básico y tus posibles audiencias adicionales? ¿Para las posibles audiencias que radican dentro de tu audiencia? Si no es así, remédialo ahora o que Dios te ayude, porque vas a requerir la intervención divina.

POSICIONAMIENTO, PRESENTACIÓN Y PROMOCIÓN

Hasta hace poco tiempo solía interesarnos *quién* hacía algo: qué estudio lanzaba un proyecto, qué editorial estaba detrás de un libro, qué disquera respaldaba un álbum. Ser contratado por Death Row Records o para protagonizar una película de la MGM significaba algo. Esta reputación reducía algunas cargas de la mercadotecnia, pero cuando los costos se desplomaron, el número de quienes podían establecer una institución de beneficencia, escribir un libro, producir un cortometraje o montar una compañía se disparó. La democratización de la producción fue una magnífica noticia: potenció a personas como tú y yo; lo malo es que también potenció a millones más.

Hoy, a fin de tener siquiera la posibilidad de llamar la atención de una persona, tu proyecto debe parecer tan bueno o mejor que los demás. Tres variables críticas determinan esto: el posicionamiento, la presentación y la promoción.

Posicionamiento: en qué consiste tu proyecto y para quién es.
Presentación: qué aspecto tiene y cómo se llama.
Promoción: cómo se le describe y qué ofrece al público.

Cada uno de estos componentes es esencial; cada cual sirve de sostén a los otros. Si lo haces bien, tu trabajo clamará: "Tómame, deja a los demás, ¡esto es imprescindible!" Si lo haces de prisa, dirá simplemente: "Bla, bla, bla", o peor aún: "No te molestes, a mi creador no le importó explicar por qué te interesaría; soy como cualquier otro".

Lo que menos puede permitirse una obra es dar la impresión de que es una cosa cualquiera que hizo una persona cualquiera. Una obra que venderá más y más debe parecer tan buena o superior que lo *mejor* que ya existe. Porque con eso compites: no con todo lo demás que se da a conocer ahora, sino con todo lo que llegó antes que tú. Un nuevo programa de televisión compite con los episodios bajo demanda de *Breaking Bad, Seinfeld* y *The Wire* (Los vigilantes); un nuevo libro contra Sófocles y John Grisham. Tu apuesta es desafiar no sólo a *Angry Birds* o *Words with Friends*, sino a todo lo demás que se disputa el tiempo de la gente. Recuerda que los creadores y dueños de esos proyectos trabajaron mucho para que toda su obra —desde la caja que la contiene hasta el logo o nombre— fuera perfecto.

Bret Taylor, uno de los ingenieros realizadores de Google Maps, explica que lograr un adelanto significativo no se reduce a hacer algo bueno. "Podrías hacerlo diez veces mejor", dice, "aunque quizá tus clientes no entiendan por qué es importante que seas el mejor". ¿Cómo esperar que lo entiendan si no han hecho la prueba aún? Por eso es decisivo que expliques clara y concisamente quién y qué eres, y también que lo *demuestres*.

Un espacio vacío en las estanterías significa que no hay sesgo de disponibilidad, que las audiencias están muy abrumadas, que tienen derecho a todo y toman decisiones instantáneas sobre consumir esto o *aquello*. Tu presentación influirá enormemente en que te elijan o te ignoren. Consiste en mostrarle a la gente que eres el mejor, qué te distingue de los demás; es el rostro y el nombre que das a tu trabajo.

El efecto de hacerlo bien o mal es muy disímil. El mismo artículo con un nombre distinto podría tener una difusión diez veces mayor entre los lectores; uno destaca, el otro no. ¿El proverbio "No puedes juzgar un libro por su cubierta"? ¡Tonterías! Claro que puedes hacerlo; *para eso son las portadas*. Están diseñadas para llamar la atención de la gente, atraerla a una obra y alejarla de todas las demás en el anaquel.

Cuando se trata de atraer al público, los creadores que se dan tiempo para formular cuidadosamente su posicionamiento y presentación —y no siguen nada más su primer instinto aferrándose a sus *esperanzas*— son los que ganan.

A pesar de que eso podría costar tiempo y dinero, a largo plazo vale la pena. Cuando Steve Jobs inició Next —su primera compañía tras su despido de Apple—, gastó 100 mil dólares en el logotipo, obra de uno de los mejores diseñadores del mundo; cuando Marissa Mayer estaba a cargo del producto en Google, probó en una ocasión cuarenta y un tonos de azul para saber a cuál reaccionaban mejor los usuarios, porque a gran escala esas diferencias importan. Uno de mis clientes, Tim Ferriss, dedica horas a probarlo todo con extremo rigor, desde su título hasta sus ideas de portada y los nombres de sus *capítulos*, proceso del que se desprendió el título de su primer libro, el best seller *The 4-Hour Workweek* (La semana laboral de cuatro horas), el cual preparó con una perfecta gestión para una franquicia íntegra (*The 4-Hour Body, The 4-Hour Chef*). Sabrás qué idea es provocativa si elaboras varias opciones de portada y les llevas muestras a tus amigos dotados de experiencia y buen gusto para que voten por la que prefieren (herramientas como Survey Monkey y Google Docs facilitan mucho esto). Otro cliente, Neil Strauss, vaciló durante casi un año entre los títulos *Game Over* o *The Truth* para una de sus obras; ambos tenían ventajas y desventajas y él sabía que llevaría tiempo y mucho seso determinar cuál era el mejor. Pese a que en algún momento le grité, exasperado: "*¡Decídete ya*, Neil!", no es gratuito que él sea el autor de un best seller multimillonario.

En la mayoría de los casos, no obstante, ocurre lo contrario. Conozco a creadores que han hecho su labor de diseño (por cinco dólares) en Fiverr.com o que pidieron a un amigo o conocido que les diseñara su página en internet a cambio de unos cuantos dólares. Ver esos proyectos me *estremece*; es obvio que dichos creadores tomaron un atajo o se contentaron con cualquier cosa. "¿Por qué escogiste ese nombre?", "Porque le gustó a mi hija". "¿Qué te parece tu cubierta?", "No está mal". "El diseño de ese elemento es confuso", "Lo sé, lo corregiremos después". Claro que cualquiera está en libertad de tomar decisiones así, pero la verdad es que éstas se ajustan a un proyecto incidental más que a un probable producto de venta duradera que podría definir una carrera. No es de esta forma, en absoluto, como un profesional trataría su trabajo.

Pese a que la apariencia importa, constituye apenas una fracción de este análisis. En algún momento de cada proyecto en el que laboro, recomiendo al creador que consulte *The 22 Immutable Laws of Marketing* (Las 22 leyes inmutables del marketing). Las siete primeras leyes de este clásico de la mercadotecnia versan sobre el arte del posicionamiento y la presentación; no de la gestión de marca o el estilo, sino de algo más amplio y profundo.

La ley 2, por ejemplo, trata del arte de la división en categorías. "Si no puedes ser el primero en una categoría", sostiene, "forma una nueva en la que puedas serlo".

Charity: Water es una organización que destaca en este sentido. No me refiero únicamente a su nombre poco común —muy singular y que llama la atención—, sino también a su inusual estructura, que le permite sobresalir y atraer donativos. Siguiendo esa ley 2 al pie de la letra, esta entidad inventó su propia categoría de beneficencia, en la que cada dólar donado va a dar directamente a personas necesitadas. Ocurre que consta de dos organizaciones "separadas": una que abre pozos en países en desarrollo y otra que se hace cargo de los costos administrativos de la institución benéfica. Este astuto truco de posicionamiento le permite afirmar que cien por ciento de los donativos que recibe se destinan a la construcción de pozos (lo que distingue su estructura de casi todas las demás entidades de su tipo). Al final, sus costos de operación son los mismos; la única diferencia es una separación artificial de las cuentas bancarias. Aun así, integrar desde el primer día esa distinción en sus mensajes le permitió diferenciarse de muchas otras organizaciones. ¡Es la única en la que *todo* el dinero donado ayuda a personas necesitadas!

Lo que quiero decir es que el posicionamiento no es nada más cuestión de poner palabras en una página; podría implicar actuar, hacer un cambio estructural en tu producto u organización o *efectuar* cosas que te permitan ajustarte al mercado para sobresalir y resultar interesante.

Sin embargo, los creadores suelen dedicar años a hacer algo, para revisar después el texto publicitario que los describe o dar el visto bueno a algunas "opciones" del equipo de diseño en tan sólo una hora. Pueden haber pasado meses produciendo una película con cientos de colaboradores, pero aprobarán solos la labor de diseño en una tarde; extraña decisión, ya que gran parte del público potencial verá el cartel mucho antes que la cinta. Lo mismo vale para la página de un libro en Amazon o para la caja en la que un producto de quinientos dólares se ofrece en las estanterías.

La excelente presentación de un gran producto es lo que genera una reacción explosiva. Por ejemplo, aunque *El guardián entre el centeno*, de J. D. Salinger, se vendió de modo decoroso cuando se publicó en pasta dura, de su primera edición rústica se vendieron más de 1.25 *millones* de ejemplares. Su sugerente portada, diseñada por James Avati ("el Rembrandt de la cultura popular"), tuvo mucho que ver. En dicha versión, Holden Caufield está parado afuera de un club de desnudistas y el cintillo dice: "Este libro incomparable te sacudirá, te hará reír y te romperá el corazón, ¡pero permanecerá para siempre en tu memoria!" Es irónico que el actual prestigio literario de esa novela se deba en parte a su enorme aceptación en el mercado popular de la época. También es curioso que Salinger haya *aborrecido* la portada y al final la rediseñara él mismo (un escritor que ha vendido millones de ejemplares puede darse ese lujo).

Entre tanto, una presentación desacertada podría arruinar un proyecto maravilloso o impedir que llegue a personas a las que podría haberles gustado. Imagina que tu producto es para cierto grupo —como adultos exitosos con altos ingresos— pero que tu gestión de marca incumple lo que ese grupo espera en términos de apariencia y estilo. Justo a esto se debió que Wealthfront, ahora con más de mil millones de dólares bajo su cuidado, se haya decidido por este nombre después de haber usado el de KaChing (!!!). El título original de *Pretty Woman* (Mujer bonita*)* era *3000,* pero cambió, entre otras cosas, para que coincidiera con el del tema musical de la película, de Roy Orbison. El éxito de culto de Tom Cruise *Edge to Tomorrow* (Al filo del mañana) se retituló como *Live. Die. Repeat* cuando el estudio descubrió que este rótulo explicaba por qué la cinta era impresionante; el título original la hacía parecer otra película más de acción.

Aunque no es fácil cambiar de nombre o contratar a otro despacho de diseñadores a mitad de un proyecto, es preferible pagar las consecuencias antes que después, cuando, pese a todos tus cuidados, la mercadotecnia *no surta efecto.*

Piensa en cómo describiría una persona tu libro, película, restaurante, campaña, candidatura o lo que sea en una fiesta. Piensa en alguien que tratara de hablarle de eso a otro en sólo ciento cuarenta caracteres. ¿Qué diría? ¿Se sentiría ridículo al intentarlo? Es un _____ que hace _____ para _____. ¿Has hecho que llenar esos espacios en blanco resulte lo más agradable posible o has complicado esa labor?

Todo esto conduce a la parte esencial de la presentación y el posicionamiento: *la promoción.* Es decir: ¿cómo venderás el objeto? ¿Cómo le dirás a la gente qué es y por qué debería interesarle?

Harvey Weinstein, productor de películas como *Pulp Fiction* y *Gangs of New York* (Pandillas de Nueva York), escribió una carta tristemente célebre a Errol Morris, brillante autor de documentales como *The Fog of War* (Rumores de guerra), ganador del Oscar. En ocasión de uno de sus primeros filmes, *The Thin Blue Line* (La delgada línea azul), Morris enfrentó dificultades para explicarlo en entrevistas. Molesto, Weinstein lo amonestó de esta manera:

> Da respuestas cortas de una sola frase y no le des tantas vueltas al asunto. Habla de la película como lo que es, una película, y del efecto que tendrá en el público desde el punto de vista emocional. Si persistes en aburrir a la gente, contrataré en Nueva York a un actor que se haga pasar por ti. [...] Abrevia y convence, porque eso es lo que dará buenos resultados para ti, tu carrera y la cinta.

En otras palabras, puede que Morris haya hecho un documental impresionante, pero no tendría éxito mientras no supiera cómo comunicarlo a la gente. Tenía que explicarles a los medios, los críticos y otros intermediarios por qué era interesante, a fin de que el público se enterara de eso a través de ellos (y después se ocupara del asunto por sí solo). Para ayudarle a resolver eso, Weinstein le sugirió este intercambio:

> P: ¿De qué trata la película?
> R: Es una película de misterio que describe una injusticia. Es más aterradora que *A Nightmare on Elm Street* (Pesadilla en la calle del infierno). Es como un recorrido más allá de la medianoche. La gente la ha comparado con *In Cold Blood* (A sangre fría), aunque reconoce que tiene una pizca de humor.

Si antes te propuse el ejercicio de "Una oración, un párrafo, una página" fue no sólo para que buscaras claridad para ti; muy pronto (en la tercera sección de este libro) tendrás que *describir tu proyecto* a otros seres humanos en forma apasionante y persuasiva. Deberás explicarles a reporteros, posibles compradores o inversionistas, editores y fanáticos:

Para quién es esto
Para quién no lo es
Por qué es especial
Qué hará por ellos
Por qué debería interesar a todos

Podrías tomar la oración y el párrafo que ya elaboraste y ajustarlos al consumo público para confeccionar el mensaje que transmitirías literalmente en un elevador: tienes quince segundos para llamar la atención de una persona importante. Cuando imaginabas tu creación o todo estaba en tu cabeza todavía, pudiste realizar una aproximación incompleta: 'Es un libro sobre _____', 'Escribo una película acerca de _____'. En un elevador, cuando tengas que convencer a la gente, deberás explicar qué es _____, por qué hay un mercado para él y por qué la gente debería leerlo. Mi "libro sobre la filosofía estoica", por ejemplo, debió transformarse en una obra "que emplea la antigua fórmula del emperador Marco Aurelio para enseñar a la gente a vencer obstáculos y *prosperar gracias a ellos*". El comedor para el cual necesitas dinero deberá convertirse en "un establecimiento nuevo, perfecto para este hermoso barrio, que desde hace años carece de un sitio donde la gente pueda comer de manera informal, sea un sándwich a mediodía, una cena a altas horas de la noche o un desayuno para aliviar la resaca con los amigos".

Ninguna de estas decisiones puede apresurarse; aquí no hay cabida para medias tintas ni cosas "pasables". Podrías sentirte inclinado a ceder a tu primera reacción y dar por concluido el asunto. Tus inversionistas, editores, empleados, familiares y amigos podrían presionarte para que termines rápido y ofrezcas tu obra al mundo. No comprenden que quizás ésta sea tu única oportunidad. Las decisiones que tomes ahora no podrán compensarse con mercadotecnia más tarde; de hecho, *son la mercadotecnia*.

Por tanto, debes estar dispuesto a ser lo bastante idiota —o sea perfeccionista— para decir: "No, no nos moveremos de aquí hasta terminar esto como se debe". Porque sabes que nada importará —la calidad de tu producto, el empuje de tu mercadotecnia— si la premisa y la promoción del producto están equivocados.

¿POR QUÉ HACES ESTO?

¿Qué quieres? ¿Qué es lo que en verdad te motiva? ¿Qué deseas lograr con este proyecto? La respuesta debería ser clara a estas alturas: elaboro un _____ que hace _____ para _____ porque _____.

Aunque no hace falta que el "porqué" sea público, si no puedes definir tu meta para ti, ¿cómo sabrás que la alcanzaste? ¿Cómo sabrás qué decidir en situaciones en las que tu objetivo se vea amenazado? ¿Cómo rechazarás las tentadoras distracciones que podrían causar que te descuides? ¿Cómo sabrás que tu esfuerzo valió la pena y que fue noble al menos si el plan no sale como se esperaba?

Tu razón podría ser: "Escribo un libro sobre la depresión para los millones de personas que la sufren cada año en silencio, porque si puedo salvar una sola vida, el proyecto habrá valido la pena", o "Escribo un himno al verano para los adolescentes que les provoque a bajar la ventana y subirle al radio, porque extraño esa sensación y quiero unir a la gente", o "Produzco una app que ayude a las mujeres a rastrear y monitorear su embarazo, porque cuando yo me embaracé no había nada semejante y habría pagado lo que fuera por algo así", o "Escribo una película sobre la fiebre del póker que capte la verdad de ese mundo, porque es un ámbito enorme que hasta ahora se ha ignorado y sé que les encantará a todos".

Elon Musk sabe que su misión es llevar a un ser humano a Marte y cree que el futuro de la humanidad depende de eso. Ésa es la claridad que necesitas.

Algunas razones serán serias, otras de interés propio o de apariencia trivial —"Nadie ha hecho esto nunca antes y me gustaría intentarlo"—, pero la claridad de propósito y *metas* es insustituible.

Te revelaré cuál fue mi misión explícita para *Confía en mí, estoy mintiendo*. Me dije: "Escribo una denuncia del sistema mediático que sorprenderá y consternará a quienes siguen las noticias o quieren comercializar algo, y lo hago porque soy el único en el mundo que puede hacerlo". También me dije conscientemente que escribía ese libro en ese momento (y no después) porque era el trabajo indicado para iniciar mi carrera como escritor. Aunque sabía que escribiría más libros a lo largo de mi trayectoria, en ese instante ése era el que estaba más cerca de mi experiencia inmediata y el que tenía más posibilidades de éxito comercial. Los secretos que guardaba me oprimían tanto el pecho que quería deshacerme de ellos y estaba convencido de que el sentido de la oportunidad y la prioridad hacía de esa coyuntura el momento correcto para actuar.

Hay muchas misiones. Cualquiera que sea la tuya, debes definirla y articularla.

Una vez hecho esto, hay una última cosa que debes hacer: renunciar deliberadamente a todas las demás. Si tu meta es hacer una obra maestra, un producto de venta duradera dirigido a un público específico, de eso se desprende que no será también una obra de candente actualidad. Si tu motivación es el desinteresado deseo de llegar a un grupo que no ha sido bien tratado, al mismo tiempo no debes esperar jugosas ganancias. Si te has comprometido a hacer algo muy difícil en lo que muchos otros han fracasado, no hagas malabares con otros cinco proyectos; tendrás que poner el cien por ciento de tus recursos en el primero.

Nada ha hundido a más creadores y causado más desdichas que nuestra inherente tendencia humana a perseguir una estrategia en pos de una meta y suponer que *al mismo tiempo* podemos alcanzar otras completamente distintas.

Séneca fue un famoso filósofo y dramaturgo romano, autor de obras tan apreciadas que desde hace dos mil años una frase de su pieza teatral *Agamenón* se preserva como grafiti en un muro bajo las cenizas de Pompeya. Como cabía esperar, tiene algunos consejos filosóficos para los creadores empeñados en hacer algo "grande y supremo, casi divino". En uno de sus ensayos, una obra maestra imperecedera que se sigue vendiendo dos milenios después de su composición, escribió que lo que se requiere es "seguridad en uno mismo y fe en que se sigue el camino correcto, no desviarse por las incontables sendas que atraviesan la propia, o personas irremediablemente perdidas aun si algunas deambulan cerca del camino verdadero".

Una cantante de ópera no debe equiparar sus ventas con las de un grupo pop ni asombrarse de que no se le invite a MTV; un equipo deportivo en fase de reconstrucción no debe compararse con aquel que posee el mejor récord en la liga; una persona en una misión singular no ha de distraerse: no puede perseguir todos los globos de colores con los que se cruza. Si tu meta es crear un producto de venta duradera, no te compares con quienes no buscan lo mismo, no revises las listas de popularidad de la industria ni te distraigas con las tendencias y caprichos de otros creadores, quizás irremediablemente perdidos.

Hace unos años, el director general de la compañía de podadoras de hierba Snapper declaró célebremente que no vendería a Walmart versiones inferiores de sus productos porque su empresa conocía claramente sus metas (y la relación de éstas con su marca y su público). Tal decisión fue difícil no sólo porque implicó el rechazo de millones de dólares a corto plazo; también porque los demás integrantes de esa industria hacían negocios con Walmart, *así que era obligatorio tratar con esta corporación*. Pero ¿y si tu compañía se basa completamente en el apoyo de comerciantes locales e independientes y en una reputación de calidad? ¿A qué influencia te rendirías entonces: a lo que todos creen que debes hacer o a lo que sabes que es tu verdadera misión? El director de Snapper sabía lo que quería, y eso le permitió tomar una decisión difícil.

De igual manera, si te ha dado por seguir en las redes sociales a otros creadores o por consultar cada semana las listas de popularidad para saber cómo van, te privarás de la disciplina requerida para hacer lo que deseas. Sólo los idealistas o masoquistas creen ser capaces de atraer a todos y *merecerlo todo*; sólo los locos se compararían con personas en derroteros totalmente diferentes a los suyos.

Para un producto de venta duradera, el cual es tu meta, el camino es claro: *impacto duradero y relevancia*.

Esto te ayudará en varias decisiones, algunas de ellas menores y otras mayores. Considera esto: si examinas dos propuestas, una con dinero en abundancia y otra con alguien que no puede pagar mucho, pero que entiende lo que persigues, deja de lado el dinero. Si tu fecha de lanzamiento está próxima y quienes te rodean opinan que "todo marcha como debe" pero tú dudas seriamente de que estés listo, toma la difícil decisión de parar las prensas y date tiempo para hacer bien las cosas, aun si eso implica un costo extra. Si tienes que decidir entre dos nombres —uno de moda, inofensivo y atractivo y el otro arriesgado pero que expresa a plenitud lo que en tu corazón sabes que es la verdad de tu proyecto—, opta por el segundo. Saber con toda claridad cuál es tu meta te permitirá determinar cuándo atenerte a la ortodoxia y cuándo decir: "¡Váyanse al diablo!"

Muchas anécdotas de Steve Jobs son famosas ya, y varias giran alrededor del mismo tema: su renuencia a la mediocridad. Sus productos tenían que ser perfectos; debían hacer lo que prometían y algo más. Pese a que se acercara una fecha límite y la gente tuviera que trabajar todo el día sin parar, él solía exigir a sus equipos más de lo que creían ser capaces de dar. ¿El resultado? La compañía más exitosa en la historia del mundo y productos como computadoras personales y teléfonos celulares que inspiran una devoción inusual.

Otra lección de Jobs: no perdía tiempo pensando en lo que los demás hacían ni en lo que se suponía que él *debía* hacer; hacía lo que juzgaba correcto para el futuro de la compañía. Quería que las computadoras fueran hermosas, comenzando por los tableros de circuitos, aunque nadie los viera nunca. Considera tu misión; considera a la distancia cada una de tus decisiones, desde la perspectiva de Cyril Connolly. ¿Entonces no preferirás haber hecho lo difícil en vez de haber tomado un atajo?

HAZ LAS PACES CON EL CAPITALISMO

En esta etapa podría haber una voz en tu cabeza que se cuestione: "¿No es un poco exagerado todo esto? Soy una persona creativa porque amo el arte; toca al público decidir qué hacer con eso. ¿Acaso no comprometo mi trabajo pensando en toda esa basura capitalista del posicionamiento?"

Ése es un dilema con el que todos los artistas se enfrentan. Bruce Springsteen tuvo también su lucha interna —ser popular sin dejar de producir una gran obra— y mientras disputaba contra eso creó *Born to Run*:

> Mis héroes, de Hank Williams a Frank Sinatra y Bob Dylan, fueron músicos populares, tuvieron éxito; su deseo de llegar al gran público era valioso. [...] los artistas capaces de atraer a un público masivo se debaten siempre en su interior, preguntándose si tal cosa vale la pena, si las recompensas merecen la determinación, energía y exposición que se necesitan para satisfacer las exigencias de las multitudes.

Todos atravesamos esa misma interrogante. Sería más fácil si nos limitáramos a hacer nuestro trabajo y dijéramos: "Que sea lo que el destino señale", aunque esto deja demasiadas cosas al azar sobre la mesa. Para tener impacto, nuestra expresión debe llegar a otros. Como escribió el ensayista Chuck Klosterman, ni siquiera el artista más elitista y pretencioso se sentiría satisfecho si *nadie* viera lo que hace; de lo contrario, "permanecería en un cuarto oscuro e imaginaría que ya escribió algo". Nabokov, un brillante escritor, lo dijo en forma inmejorable: "Además de divertida, la literatura es un negocio". Y para sobrevivir en los negocios tienes que hacer ganar a otros (y a ti), así como atender a tus clientes. Creer lo contrario es un *mal* negocio.

Distraídos por la crítica, los premios, el escándalo, la atención de los medios o el deseo de impresionar a sus amigos, demasiados creadores olvidan eso; olvidan a su público, sus clientes y sus fans. El diseñador de modas

Marc Ecko da un buen consejo: no es posible que concedamos más importancia a la barrera (los medios) que al guardameta (el público). Hacerlo es un absurdo acto de miopía.

Estamos en el ramo de la creatividad para llegar a la gente. ¿Por qué limitaríamos eso de manera artificial? La única razón de que desprecies el incremento de tu público y tu alcance es el miedo. Es fácil fingir superioridad; es simple decir: "No me importa nada de eso"; es cómodo no hacer el intento, porque eso te ofrece una excusa en charola de plata.

Un amigo mío, Jeff Goins, distingue entre los artistas *necesitados* y los *prósperos*. Los primeros adoptan todos los símbolos y lugares comunes de la supuesta y bohemia pureza; los segundos son resistentes, ambiciosos, de amplio criterio y lo que los determina es el público. ¿A cuál de ambos grupos te gustaría pertenecer? ¿Cuál de ellos llevará más lejos tu trabajo?

Una de las cosas que me agradan del rap es que no se mete en esos líos. Los raperos no hacen música y "esperan" a triunfar; tienen garra. Saben que la imagen y la gestión de marca son tan importantes como la música, si quieren vender millones *y* ser conocidos por millones. Kanye West pregunta al público en una canción por qué cree que rapea: "¿Para empujar un maldito RAV4?" Quiere hacerla en grande; desea mucho más que sobrevivir de su arte. ¡Bien por él!

"Vendido" es la etiqueta a la que muchos creativos temen. Es ridículo; como si hubiera una norma sobre la credibilidad artística y el público. El único juez de esto eres tú. El éxito podría ser para ti una camioneta RAV4 y para otro un Bentley. Yo le compré un RAV4 a mi esposa con los ingresos de mis libros y a veces me gusta manejarlo. ¡Es fantástico! ¿Sabes qué dice esto acerca de mi trabajo? Nada. *Sólo es un coche.*

No permitas que el crítico mojigato que llevas dentro te contenga. No creas que venderás si no trabajaste, te sacrificaste y tomaste las decisiones que conducen al éxito. Debes estar listo para lo que viene: el auténtico maratón que es la *mercadotecnia*.

UNA ÚLTIMA COSA

La mayoría sabe que Winston Churchill fue un político y estadista; pocos están al tanto de su talento como escritor y su pasión por la pintura.

Churchill publicó su primer libro cuando tenía veintitrés años de edad y el segundo a los veinticuatro; dos obras que lo convirtieron en una muy joven celebridad internacional. A sus sesenta emprendió una serie titulada *Historia de los pueblos de habla inglesa,* que le llevó *veinte* años terminar y publicar (libró la Segunda Guerra Mundial en el ínterin) y más tarde ganaría el Premio Nobel de literatura. Aunque sus dotes para la pintura fueron menores, descubrió que ésta era una inmensa fuente de satisfacción y expresión personal, y llevaba sus pinceles y pinturas dondequiera que iba.

Fue un hombre que sabía lo difícil que era crear algo, lo que implicaba producir una gran obra y darla a conocer al mundo. Nadie ha descrito mejor el proceso creativo, cuando dijo que iniciar un proyecto era una aventura. "Al principio", añadió, tu proyecto "es un juguete y una diversión; después se transforma en tu amante, luego en tu amo y posteriormente en un dictador. La última fase es que justo cuando estás por resignarte a tu servidumbre, matas al monstruo y lo arrojas al público".

Ahí es donde estás ahora. Ya hiciste tu trabajo creativo; procediste entonces a corregir y revisar, y esto quizás te devolvió a la fase creativa, para retrabajarla en alto grado. Finalmente, mientras hacías un ajuste fino y pulías en beneficio de tu público, comenzaste tus preparativos para el ineludible día del lanzamiento. ¿Cómo describirías este proyecto? ¿Qué tiene de especial? ¿Cuál es su mensaje de ventas? ¿Para quién es? Todas estas preguntas fueron diseñadas como un adelanto de las que un día te harán los medios, los comerciantes y los clientes.

Ese día está cerca. Es momento de que bajes la pluma, te apartes de la computadora y dejes de ajustar y retocar. Es momento de que arrojes tu obra al público.

En la siguiente mitad de este libro hablaremos de cómo llegar a la mayor audiencia posible, pero antes cabe aclarar que nuestra obra dejará nuestras manos, lo cual quiere decir que estará sujeta al juicio de los demás. No les gustará a todos; incluso es probable que algunos la aborrezcan.

Tenemos que armarnos de valor en previsión de esas reacciones. La vida del artista es difícil. El camino a un producto de venta duradera es largo; podría parecer en ocasiones que sigues la dirección equivocada y que las aceras están llenas de rostros hostiles. No importa.

Lo que hicimos en la primera mitad del libro —el esfuerzo que invertimos en eso— fue intrínsecamente valioso, una tarea noble y honorable.

Que el mundo la aprecie o no de inmediato guarda escasa relación con ello. Siéntete orgulloso de ti mismo.

Sólo un segundo, sin embargo. Porque nuestra siguiente labor está a punto de empezar.

PARTE III

MERCADOTECNIA

*De la búsqueda a la cobertura,
de la presión a la promoción*

Los clientes no llegarán por sí solos; hay que atraerlos y eso es más difícil de lo que parece.

PETER THIEL

Has llegado a la mitad del viaje creativo. Además de tener una idea, la volviste real. Te *sacrificaste* para hacerla posible. Dedicaste tiempo a entender por qué era especial y por qué podría interesarle a la gente. Soñaste varios años con que este día llegaría y ya está aquí. Has sido aceptado en un club de elite: creaste una obra que has presentado y posicionado intrínsecamente y de forma persuasiva.

Ahora viene la mala noticia: aún te resta vencer a la competencia.

Competimos no nada más contra nuestros contemporáneos, sino también contra el gran arte que atrae público desde hace siglos. Cada nueva obra compite contra todo lo que llegó antes que ella y lo que vendrá después. ¿Cuántas canciones nuevas se integran cada semana en la lista de reproducción Viernes de música nueva de Spotify? ¿Cuántas de ellas vuelves a oír algún día? ¿Cuántas películas solicitan cada año su ingreso al festival de Sundance y cuántas seleccionan? Las pocas que lo consiguen no están a salvo; deben hallar todavía un comprador dispuesto a distribuirlas, quien por su parte tiene que idear cómo venderlas al público en medio de tantas películas de producción reciente. Desde sus inicios en 1978, ese festival ha reconocido literalmente a cientos de filmes y sólo un muy reducido porcentaje ha sido visto por una fracción significativa del público general. Esto quiere decir que infinitas cintas de alta calidad son ignoradas por aquellos que no tienen tiempo de verlas.

Las cosas han sido así desde siempre. En 1842, un personaje de una novela de Balzac, periodista de profesión, observó que "el gran problema de los artistas es cómo situarse donde puedan ser vistos". Si no resuelven este problema, languidecen, y su obra con ellos. Pasar inadvertidos en medio de la estridencia es hoy más probable que en la época de ese escritor galo.

No te desanimes. Hay muchísimo que hacer.

Tal como la definí en mi libro sobre el auge de los hackers, mercadotecnia es todo lo que *consigue* o *conserva* clientes. Eso es justo lo que debemos hacer ahora que hemos concluido nuestra labor: venderla y promoverla entre el público que creemos que ella se merece.

Todo creador se pregunta a quién le gustará lo que él hizo; la mercadotecnia es la respuesta. Con ella aseguras no sólo que tu proyecto encuentre su público al momento de su aparición, sino también que lo mantenga con el paso del tiempo. La mercadotecnia es un arte y una ciencia que deben dominar todos los creadores esperanzados en que su trabajo despegue. Sin ella, ¿cómo se enterará la gente de lo que hiciste? ¿Por qué habría de elegirlo sobre otras increíbles obras a su alcance, incluso si sus autores se esmeran en correr la voz?

Este libro inició criticando la idea de que los creativos deben dedicar más tiempo a la mercadotecnia y a la venta que a la creación. No me contradigo si doy prioridad ahora a la mercadotecnia; simplemente afirmo que el orden en el que realizas esas actividades es importante. La mercadotecnia es el esencial paso siguiente para generar un producto de venta duradera.

Herb Cohen, considerado uno de los negociadores más grandes del mundo, dijo célebremente: "Un gran vendedor con un producto mediocre es preferible a un idiota con una obra maestra". Con una pistola en la sien, yo también elegiría lo primero, aunque lo mejor sería evitar ese falso dilema.

Para que una obra perdure no puede ser mediocre ni el vendedor un idiota. Debes brillar en todo.

LA MERCADOTECNIA ES TU RESPONSABILIDAD

En una entrevista, el novelista Ian McEwan se quejó, en broma, de la necesidad de comercializar un libro tras haber dedicado tanto tiempo a ejecutarlo: "En ese momento me siento el miserable empleado de quien fui. El novelista felizmente ocupado que antes fui me manda ahora a la calle, como si fuera un vendedor de cepillos o de ventanas dobles, para que comercialice su libro. Él se divirtió a sus anchas mientras lo escribía; yo soy el pobre bastardo que tiene que ir a venderlo".

Si tomamos en cuenta que son muy pocos quienes viven de su arte y que casi todas las demás industrias y profesiones conllevan innumerables enredos para "comercializar", esa queja parece la de una persona privilegiada. ¿Quién más va a vender tu película, app, obra de arte o servicio sino *tú*? Aunque le pagaras a alguien una elevada suma por hacerlo, ¿cuánto esfuerzo pondrá en ello?

"Miren a su alrededor", les dice Peter Thiel a los fundadores de nuevas empresas en su clásico *De cero a uno*. "Si no ven ningún vendedor, *el vendedor son ustedes*". Y aun si tienes vendedores a tu servicio, eres el jefe y deberás pasar al frente a dirigir.

¿Quién debe darse tiempo de hacer eso sino tú? ¿Qué sería de ti si no estuvieras dispuesto a subirte las mangas y ponerte a trabajar? Menciona una sola persona que esté más interesada que tú en el éxito de tu proyecto (si puedes hacerlo, ¡asóciate con ella ahora mismo!).

¿El mundo aguarda con ansia otra película, libro o app? De hecho, la idea entera detrás de los productos de venta duradera es que las matemáticas demuestran de modo abrumador que la gente ama a los clásicos del pasado reciente y remoto. Que HarperCollins tenga un sello llamado Harper Perennial, por ejemplo, o que álbumes de catálogo se vendan más que las canciones nuevas debería decirte algo: que la gente está feliz con lo que tiene.

No será fácil lograr que lo *tuyo* le agrade. Creer que no tendrás que esforzarte para vender tu producto es ridículamente falso.

"'Si lo hiciste, vendrán' es algo que en efecto *puede* ocurrir, pero es ingenuo contar con eso", me explicó Jason Fried cuando le pregunté cómo había convertido 37 Signals en una plataforma con millones de usuarios, cuando fue una empresa de diseño web antes de transformarse, en 2004, en Basecamp, una compañía de apps en la web. "Para que el producto hable por sí mismo, alguien debe hablar por él".

Como les dice a sus clientes el agente literario Byrd Leavell: "¿Sabes qué va a pasar si tu libro se publica y no dispones de ningún medio para que llame la atención? Que nadie lo comprará". *¡Es imposible* que eso sea lo que quieres!

Al Ries y Jack Trout, quizá dos de los mejores mercadólogos de la actualidad, reconocen que los directores generales están muy atareados; todos los días tienen reuniones, llamadas telefónicas, cenas de negocios y muchas responsabilidades más. Es natural que deleguen la mercadotecnia a otras personas, pese a que éste sea un grave error. "Si debes delegar algo", dicen, "que sea la coordinación de una nueva campaña de recaudación de fondos (es el vicepresidente del país, no el presidente, quien asiste a los funerales de Estado)". Como líder puedes omitir muchas cosas, menos la mercadotecnia; tu producto necesita un promotor. Como dijo Peter Drucker, el clásico de los temas gerenciales: "[Cada proyecto] precisa de alguien que diga: 'Voy a hacer que esto triunfe' y ponga manos a la obra".

Ése debes ser tú. La mercadotecnia es responsabilidad tuya. No debes cederla a nadie; no existe una empresa mágica —ni siquiera la mía— que pueda reemplazarte haciéndolo. Por famoso que seas, por abundantes seguidores que tengas en Twitter, por fuerte que sea la suma que puedes gastar en este rubro o por imponentes que sean tus acreditaciones, ese deber recae en ti y no será fácil que lo desempeñes. Te corresponde tomar tu gran obra y llegar con ella a tantas personas como sea posible.

Acto seguido, debes aplicar a la *mercadotecnia* la misma creatividad y energía que pusiste en la *creación*. Antes de que te impacientes, confío en que percibas que esto es muy potencializador. Muchas personas pueden hacer una gran obra; no todas tienen la dedicación indispensable para hacerla y lograr que *surta efecto*. La mercadotecnia te da la oportunidad de distinguirte, de vencer a otros sujetos talentosos cuya complacencia o pereza no les permite avanzar.

¿Cómo debo hacer eso? Ésta es la pregunta crítica. Entiendo que la mercadotecnia no se te dé de manera natural (o al menos eso crees); que no tengas dinero para ejecutarla como se debe; que no dispongas de tiempo ni habilidades. He oído decir a clientes, colegas y participantes de conferencias estos pretextos cientos de veces.

Si puedes darte tiempo para eso, yo puedo enseñarte las habilidades; es más fácil de lo que crees, te lo aseguro. Y te diré algo más: si bien la mercadotecnia es *un* deber que te *corresponde*, resulta valiosa y divertida. Vas a vender algo en lo que crees, en lo que invertiste y que sabes que le gustará a la gente. Si promovieras algo que nadie quiere o necesita, tendría sentido que dejaras esa responsabilidad en otra persona. Pero en este caso, ¿por qué habrías de ceder toda la diversión?

LA REGLA QUE NO PUEDES OLVIDAR

Cuando trabajo en un proyecto —con mis clientes, y en particular en uno propio—, empiezo por reconocer una desagradable pero relevante verdad: a nadie le importa lo que he hecho. *Nadie sabe qué es.* Y si lo supieran, el aficionado promedio se interesa mucho menos de lo que yo quisiera. Esto también es innegable; ¿cómo podría interesarse demasiado en algo cuyos beneficios no ha experimentado aún? No ha pasado varios años viviendo y respirando ese objeto como tú; por lo menos no todavía.

Aceptar tu insignificancia podría no parecer un mantra estimulante para echar a andar una campaña de mercadotecnia, pero hace una gran diferencia; yo prefiero empezar siempre con la verdad, no con mis proyecciones e inclinaciones. La humildad tiene más claridad que el ego, y esto es importante porque también trabaja más que él.

Me recuerdo a mí mismo que la gente está muy ocupada e ignora por qué esto debería interesarle. Nadie lo espera con ansia, como a una secuela exitosa (y aunque alguien lo espere, es mejor que finjas que no y te apliques con el mismo ahínco). La gente ha sido estafada demasiadas veces por quienes no se toman en serio su oficio como lo hago yo. Como mercadólogo de mi trabajo, es mi deber *interesarla*, y esto será imposible si me baso en ilusiones o méritos supuestos. En cambio, comenzaré limpio; me ganaré a mis primeros lectores, clientes y admiradores, uno por uno, desde cero.

La labor de *interesar a la gente* sólo se hará si la llevamos a cabo nosotros mismos.

Esto es algo que les he dicho incluso a multimillonarios, celebridades, artistas de muy altas ventas e individuos con millones de suscriptores en YouTube. Demasiados clientes me han dicho que cuentan con una varita mágica —un blog muy concurrido, un amigo que trabaja en _____ , una estrecha relación con los creadores de [inserta aquí el programa de televisión de tu preferencia] o millones de fans—, la cual provoca que al final no hagan nada. Desaprovechan oportunidades o desdeñan fabulosas ideas a causa de su presunción, distracción o agitación y no hacen de la mercadotecnia una prioridad. Meses más tarde regresan con la mala noticia: su prodigioso as bajo la manga/tecnología precursora/ocasión excepcional/cosa segura/[inserta la hipérbole de tu elección] no les sirvió de nada.

Un cliente mío lo bastante exitoso para viajar en un jet privado quería aparecer en varios podcasts muy influyentes para promover su primera gran obra en mucho tiempo. Tras reservar esos espacios, yo le hablaba de las fechas cuando me interrumpió: "Estoy demasiado ocupado; ¿no podríamos empalmar las citas y grabar todas las entrevistas juntas?". Yo le respondí: "No. Esas personas no esperan las migajas que les quieras arrojar. Puede que seas importante en tu mundo, pero ellas lo son en el suyo; tenemos que tratarlas con consideración; debemos respetar a sus audiencias tanto como tú respetas a la tuya." Por suerte aceptó hacerlo bien y gracias a eso llegamos a varios millones de personas con una inversión de un par de horas más.

Otro cliente solía realizar con su equipo sesiones muy intensas de generación de ambiciosas ideas mercadológicas en favor de su libro, que después no ponía en práctica porque no quería destinarles el presupuesto indispensable ni dedicarles más tiempo cuando todo marchaba bien. Su libro ocupó en definitiva el segundo lugar de ventas en vez de asegurar el primero, como él habría deseado. Lo peor fue que ese pequeño fracaso lo contrarió bastante, pese a que evitarlo habría sido muy sencillo.

¿Qué habría ganado con mayor disciplina? Interesar a más gente en su libro en medio de la multitud de posts, tuits, botones de "Comparte" y todos los demás recursos digitales que nos asedian a diario. Habría conquistado el primer sitio.

Un estudio reciente determinó que cuando se visita el News Feed de Facebook, más de mil contenidos se disputan la atención del usuario. En otras palabras, hay una posibilidad entre mil de que el cliente que buscas *vea* tu mensaje.

El augurio de un producto de venta duradera es un creador que no se considere un regalo de Dios para el mundo sino que haya hecho algo valioso que le apasiona y esté empeñado en darlo a conocer. ¿Adivina qué? No llegarás a la gente si crees que lo mereces todo; el ansia y la humildad hacen la diferencia.

TODO PUEDE SER MERCADOTECNIA

Si la mala noticia es que a nadie le interesa, la buena es que hay muchas formas de *conseguir* que les importe. Ya lo dijo espléndidamente el inversor Ben Horowitz: "No hay balas de plata; [...] tendremos que usar un montón de balas de plomo".

Las balas de plomo podrán no ser futuristas pero funcionan. La campaña que llevó a cabo Steven Pressfield en 2011 para promover *The Warrior Ethos* lo ilustra perfectamente. Pressfield ya era entonces un exitoso autor de clase mundial que había vendido millones de ejemplares a lo largo de veinte años de carrera. No obstante, este nuevo libro sería una edición de autor, lo cual quería decir que no contaría con el apoyo de una potente editorial tradicional.

¿Qué hizo Pressfield? Mandó a imprimir 18 mil ejemplares de *The Warrior Ethos* en una "edición militar" fuera de comercio y los regaló a través de sus contactos en las fuerzas armadas. ¡18 mil ejemplares impresos! Hacer algo así es más difícil de lo que crees: hay que buscar una por una a todas esas personas, convencerlas de que sean las primeras en leer una obra y enviarles los ejemplares. La sola logística de empaque y entrega es una pesadilla (lo sé por experiencia: yo regalé a estudiantes de mercadotecnia más de mil ejemplares de uno de mis libros ¡y fue agotador!).

Durante el primer mes, mientras los ejemplares de regalo llegaban hasta las manos de sus lectores, se vendieron veintiún ejemplares de pasta dura y treinta y siete digitales. Pasaron cinco meses hasta que se vendieron quinientos, aunque todo marchaba en la dirección correcta. En menos de cinco años después de su aparición, se han vendido 60 mil ejemplares de *The Warrior Ethos*. En Amazon permanece sistemáticamente entre los primeros 10 mil (a veces es el número uno en varias categorías) y cuenta con 350 reseñas. Vende más de mil unidades al mes, lo que promedia entre 12 mil y 15 mil al año. Si el efecto Lindy posee validez, en cinco años debería seguir vendiendo esa misma cantidad de ejemplares.

¿Regalar, de mano en mano, un libro a ciertos miembros del ejército es verdadera mercadotecnia? Desde luego que sí, porque al final movilizó en alto grado el producto. Bonobos, una tienda de pantalones de calidad, colocó gran número de sus prendas literalmente de mano en mano, pues su fundador llevaba consigo un costal de lana lleno de pantalones a dondequiera que iba. ¿La boda de un amigo?, ¡de acuerdo!; ¿un brunch junto a la alberca?, ¡magnífico! Dio resultado y obtuvo clientes, así que es mercadotecnia.

El psicólogo Wayne Dyer, de cuyo primer libro se vendieron 6 millones de ejemplares, empezó en la misma forma, ofreciéndolo en la cajuela de su coche. *Once a Runner*, novela de culto de John Parker Jr. sobre corredores, alzó el vuelo en los estacionamientos de pruebas y eventos de atletismo en los que su autor participaba. De hecho, Nike comenzó igual: Phil Knight vendía sus productos durante pruebas atléticas, en la parte trasera de su Valiant; rechazado por las tiendas locales, descubrió que cuando hablaba con atletas y entrenadores "no me daba abasto tomando pedidos". Jay Z vendía sus discos en su coche antes de que se le propusiera un contrato para grabar un disco; lo mismo hicieron los fundadores de Cash Money Records. ¿Un fundador que se rompe la espalda como si fuera un vendedor de puerta en puerta? Si da resultado, es mercadotecnia.

SÓLO UNA COSA IMPORTA: LA RECOMENDACIÓN VERBAL

Aguarda un momento: el álbum que has oído doscientas veces, el restaurante que siempre visitas en ocasiones especiales y los zapatos que usas, de los que has comprado al menos diez pares en varios años; ¿qué despertó tu interés en esos productos de venta duradera? ¿De qué modo descubres lo que te gusta o que consumes con regularidad? ¿Cómo diste con el que es tu libro favorito sobre cualquier otro?

Si eres como la mayoría, no fue por medio de la publicidad ni las relaciones públicas, sino porque personas a las que escuchas con atención, en las que confías o que respetas te hablaron de eso. Todos lo descubrimos casi todo por *recomendación verbal*.

Un amigo te dice: "Deberías echarle un vistazo a esto"; tu mentor te habla del libro o filme que más lo ha influido en la vida; un desconocido se sienta a tu lado en el metro, su mochila te causa curiosidad y cuando le preguntas te dice la marca y te comenta que le gusta mucho.

¿Cómo me enteré yo de la existencia de Cyril Connolly, setenta y ocho años después de haber publicado *Enemigos de la promesa* y luego de cuarenta años de su muerte? No a causa de su editorial o publicista, por supuesto; alguien de mi confianza me dijo que ese libro era bueno, y confío en que ahora a ti te suceda lo mismo. *Así es como camina esto…**

Todas esas son recomendaciones naturales y orgánicas de productos o ideas, sin duda la fuerza más poderosa para mantener la vigencia de un producto. Nadie posee ímpetu ni recursos para comercializar con tesón algo durante más de un breve lapso, así que para que un producto se venda por siempre debe promover su adopción y contar con una recomendación verbal vigorosa. A la larga, esto es lo único que perdura.

Según un estudio de McKinsey, entre veinte y *cincuenta por ciento* de la totalidad de las decisiones de compra se derivan de la recomendación de boca en boca. Ese mismo estudio determinó que una "recomendación de alto impacto" —la enfática aprobación de un amigo de confianza, por ejemplo— vale *cincuenta veces* más que una de bajo impacto.

Un bien sin recomendación verbal dejará de existir para el gran público. Cualquier cosa que requiera publicidad para sobrevivir —a lo largo de una línea cronológica lo bastante larga— dejará de ser económicamente viable en algún momento. Como dijo Jonah Berger, uno de los principales expertos en tendencias de consumo, las compañías "viven o mueren por recomendación verbal".** Descubrió que en industrias como las del cuidado de la piel y los teléfonos, la recomendación verbal es *dos veces* más efectiva que la publicidad pagada (a pesar de que esas industrias gastan *miles de millones* de dólares en anuncios).

Por tanto, nuestros esfuerzos de mercadotecnia deben privilegiar la recomendación verbal, encender la chispa que habrá de provocar un incendio. Perdón por esta analogía hostil, pero en el caso de un producto de venta duradera no buscamos una hoguera modesta, sino el incendio de la

---

* Ésta es, por cierto, una cita de *Matadero cinco*, de Kurt Vonnegut, libro al que deberías echarle un vistazo; es muy bueno.

** También deberías leer *Contagious*, el libro de Berger (¡y consultar ahí todo lo relativo a la *recomendación de boca en boca*!).

mina de carbón Centralia, la cual ha ardido desde 1962 y continuará haciéndolo doscientos cincuenta años más.

El resto de este capítulo constará de tácticas acordes con esa estrategia. Como escribió Seth Godin, una afortunada recomendación verbal empieza con un solo cliente. "Véndele a uno", recomienda.

"Busca una persona que confíe en ti y véndele un ejemplar. ¿Le agrada, le emociona, le entusiasma tanto que se lo dirá a diez amigos, no para ayudarte sino porque así los favorece a ellos? Los grupos crecen cuando unos invitan a otros; así es también como se difunden las ideas. Las personas no divulgarán tu producto por ti, desde luego; lo harán buscando beneficio mutuo".

¿Cómo encuentras a esas primeras personas? ¿De qué manera las atraes? De eso es justamente de lo que trata la mercadotecnia. Debes conseguir a esos primeros clientes ¡o no habrá amigos a quienes se lo digan!

EL LANZAMIENTO

Con la recomendación verbal como meta suprema, la línea cronológica de la mercadotecnia cambia un poco; tenemos ahora un escaparate más grande que el del fin de semana de apertura o el primer mes de ventas, y podemos pensar a largo plazo al evaluar nuestra campaña. Muchos bienes de venta duradera tardan décadas en venderse en serio; a veces es sólo cuando muere su creador que el público los aprecia a cabalidad.

Desde un punto de vista fantástico, esas historias de éxito eventual no dejan de tener cierto encanto, y una justicia kármica "¡te lo dije!". Pero para los seres humanos de carne y hueso, que tenemos que vivir en el mundo real, el anonimato es menos glamuroso de lo que suele creerse. Alguien elogió una vez al escritor Padgett Powell por no ser demasiado comercial; la respuesta de Powell fue simple y sincera: "No hay nada que admirar en eso".*

El hecho es que no avanzar no tiene nada de impresionante. Formar un nutrido público comercial es muy difícil y no todos lo logran. Pese a que

---

* Gracias a mi amigo Austin Kleon por haberme señalado esto y por darme algunos de los ejemplos de Springsteen incluidos en estas páginas mientras lo comentábamos durante una comida.

la estrategia del éxito duradero consiste en crear una obra o un producto que se venda a largo plazo, lo ideal es que vendamos también a corto plazo. Para decirlo de otra manera: la venta a perpetuidad y un lanzamiento sólido no son mutuamente excluyentes.

Aunque la historia demuestra que las obras de mérito terminan por encontrar su público, el mercado puede demorarse —como dijo atinadamente el economista John Maynard Keynes— "más tiempo que el que tú puedes mantenerte solvente". Si un artista muere de hambre antes de que el mundo aprecie su genio, ¿eso es bueno? Si un escritor tiene que conseguir empleo para pagar sus cuentas y ese trabajo desgasta su capacidad creativa, obviamente eso no es positivo, aunque tampoco es poco frecuente, pero la mayoría de nosotros no podemos esperar mucho tiempo a que nos descubran.

La exitosa ejecución de un lanzamiento —una buena mercadotecnia para hallar pronto a nuestro público en lugar de resignarnos al gran orden del universo— es lo que nos permitirá sobrevivir y forjar una carrera creativa en la que prosperemos. Aun si las grandes obras hallan inevitablemente una audiencia, ¿quién puede darse el lujo de esperar?

El lanzamiento de los productos clásicos de Apple causa que se formen largas filas afuera de las tiendas. Muchos integrantes de salones de la fama de diversas disciplinas deportivas imponen récords en su primera temporada, a veces desde su primera aparición. Un buen número de libros clásicos llegaron desde sus inicios a la lista de los más vendidos. ¿Por qué entonces *habrías* de negarte a ser un éxito desde ahora?

No te engañes diciéndote: "Esto va para largo, no importa cómo se comercialice mi trabajo". El escritor W. Somerset Maugham señaló que aunque podríamos llevarnos sorpresas en cuanto a quiénes alcanzan la "posteridad literaria", el mercado y la historia todavía tienden a elegir entre quienes fueron conocidos en su día: "Podría ser que una obra que merece la inmortalidad haya nacido muerta y la posteridad no sepa de ella jamás". Por eso, como nos recuerda Truman Capote, "un chico tiene que promover su libro".* Lo mismo vale para lo que has hecho, sea que lo que sea: tienes que promoverlo.

---

* Un columnista de *Life* que se quejó en ese tiempo de que la mercadotecnia había hecho de Capote un vendedor ambulante preguntó: "¿No sería posible, por amor de Dios, que él cierre la boca?". Del libro de Capote se venden todavía 2 mil ejemplares a la semana, mientras que ya nadie recuerda el nombre de ese crítico.

"La gente tiende a preferir lo que les gusta a otros", observó Cass Suns-tein en su fascinante estudio sobre la forma en que *Star Wars* se volvió la sensación que es ahora. "Cada vez que hay un gran alboroto, la mayoría quiere saber de qué se trata." *Ésta* es la reacción que nuestra mercadotec-nia debe provocar.

Si bien un "alboroto" puede desarrollarse con lentitud, es más poten-te cuando ocurre rápido y de modo concentrado y no hay razón para no comercializar teniendo en mente esto. Un lanzamiento apropiado está en gran medida bajo tu control. Sin necesidad de un despacho de relaciones públicas ni un cuantioso presupuesto de publicidad, puedes comenzar con una descarga de artillería mercadológica,* es decir prensa, entrevistas, co-bertura noticiosa, movimiento en las redes sociales, pedidos preliminares de tus fanáticos, fuerte presencia en tiendas y demás. Sé que esto es posible porque yo lo he hecho, y ayudado a otros a hacerlo también.

James Altucher había escrito ya once libros antes de que mi despacho, Brass Check, trabajara con él. Aunque se trata de obras grandiosas, ningu-na se había vendido particularmente bien. En cuanto a *Choose Yourself*, Al-tucher aceptó no sólo una rigurosa labor de edición, sino además la idea de hacer su primera prueba de un lanzamiento formal; antes había *dado a co-nocer* sus trabajos sin un plan. Lo que al final hicimos con él conjugó casi todas las estrategias que se detallarán más adelante, aunque principalmen-te concentramos nuestros esfuerzos en el periodo de lanzamiento. Muchos creadores, en especial cuando se financian o publican a sí mismos, se con-forman con que su producto salga al mundo; no quieren esperar, sólo quie-ren avanzar en todas direcciones.

Con la intención de vender a largo plazo, sabíamos que entre más pron-to alcanzáramos la velocidad crítica, más posibilidades tendríamos de cum-plir nuestro propósito. Esto implicaba esperar, y eso a su vez una estrecha coordinación. Altucher me comentó en varias ocasiones que quería escri-bir un artículo o dar una entrevista en el lapso previo al lanzamiento. "Es-peremos", le decía yo. "Apostemos a la fecha asignada; por eso la tenemos".

---

* Me agrada la analogía de "descarga de artillería"; también he oído describir esto como "efecto cuadrafónico". Cuando se presentó *A sangre fría*, el editor de Capote llamó "Ca-pote Special" a la veloz maquinaria de su campaña de mercadotecnia y admitió que el no-velista fungía como el conductor y todos los demás eran pasajeros.

Tiempo atrás, los productos tenían una fecha de lanzamiento porque ése era literalmente el primer día en que se les podía adquirir en la tienda, lo cual era casi como una celebración, después de un largo y difícil periodo de producción, empaque, abasto y los demás vericuetos de la manufactura y el comercio. Hoy, en cambio, cualquier cosa puede ponerse a la venta en internet en cinco segundos. Esto significa que el día del lanzamiento es una decisión más que una necesidad logística; y aunque podría pensarse que esto le resta importancia al "estreno", no es así.

Desde la perspectiva mercadológica, un lanzamiento adecuado es esencial y consiste en mucho más que elegir un día al azar para que algo cobre vida. Sí, los "periodos de lanzamiento" son artificiales, pero como dijo alguna vez una persona sensata, "que algo sea *fabricado* no quiere decir que no importe". De hecho, la artificialidad de un lanzamiento es hoy más relevante que en el pasado: los clientes tienen muchas opciones y tienden a escoger lo que aparenta más energía; como apuntó Sunstein, prefieren lo que eligen los demás.

El lanzamiento del libro de Altucher alcanzó en definitiva muchos éxitos, desde un anuncio muy visto, varios artículos sugerentes, una buena cantidad de reseñas en Amazon, múltiples apariciones en podcasts, algunos artificios publicitarios en los medios e incluso el obsequio de un gran número de ejemplares. Todo esto se dirigió a audiencias diferentes, para inducir la recomendación verbal en la totalidad de esas comunidades. Fue la chispa que originó el incendio en el que ese libro se convertiría.

Conservé de esa campaña este tuit de @SteveCronk porque sintetiza el motivo de que los lanzamientos importen:

> Compraré tu libro @jamesaltucher. Ahora deja de ESTAR POR TODOS LADOS EN INTERNET como en las dos últimas semanas

La ráfaga surtió efecto: agobiamos a esta persona, y no creo que eso sea malo. Si, además, el libro cumplía la promesa de la mercadotecnia, a continuación vendrían recomendaciones verbales positivas.

Claro que si las cosas hubieran sido distintas, es muy probable que *Choose Yourself* se hubiera vendido bien de todas formas, aunque no tanto ni tan pronto. Casi todo lo que Altucher hizo en beneficio de la promoción de su libro, desde artículos hasta entrevistas, habría ocurrido de cualquier manera; obtuvimos más provecho gracias a que lo concentramos en un periodo reducido.

Las disqueras saben que cuanto más se oiga una canción, más probabilidades tiene de ser un hit; por eso retienen sus pistas hasta que varias estaciones se comprometen a tocarla. Lo mismo sucede con la mercadotecnia de cualquier otro producto: trabajas mucho por adelantado para que el público sienta que de repente está en todas partes.

Esto requiere que asignes no sólo la fecha de lanzamiento más indicada, sino también que tengas tiempo suficiente para llevar a cabo todas las actividades previas. La correcta organización de un lanzamiento —medios de comunicación, relaciones, recomendaciones del producto, publicidad, creación de contenido— supone tiempo y esfuerzo. Aun si un creador la ejecuta mal, le quitará mucho tiempo. Hacerla bien, preparar esos componentes y coordinarlos en forma apropiada es como una operación militar. ¡No especules ni te apresures!

¿CON QUÉ TRABAJAREMOS?

Aparte del "cuándo", lo más importante de un lanzamiento es el "qué": "¿Con qué trabajaremos en este caso?" Lo primero que debe hacer quien planea un lanzamiento es un inventario de todo lo que está a su disposición y que podría servirle para poner su producto en manos de la gente. Cosas como:

- Relaciones (personales, profesionales, familiares o de otro tipo)
- Contactos con los medios
- Investigación o información de lanzamientos de productos similares (lo que funcionó, lo que no, qué hacer, qué no hacer)
- Favores por cobrar
- Posible presupuesto de publicidad
- Recursos o aliados ("A este bloguero le apasiona [inserta aquí el tema o elemento relacionado con lo que vas a lanzar]")

Es esencial que te des tiempo para hacer una lista de todo lo que tienes y estás dispuesto a invertir en la mercadotecnia de un proyecto. Más allá de romperme los sesos, una de mis estrategias favoritas para iniciar este proceso es *sondear mi mundo*. Bauticé esto como el "Llamado a las armas", la convocatoria a los amigos y patrocinadores (véase la parte IV de este libro) para que se preparen para actuar. Por lo general elaboro un rápido formulario en línea y lo publico en mi blog, página personal de Facebook y otras redes sociales. Antes se utilizaban otras herramientas (como un tarjetero tipo rolodex) e indudablemente habrá nuevas en el futuro. De todas formas, el mensaje es el mismo:

> ¡Hola! Como muchos de ustedes saben, llevo trabajando mucho tiempo en
> _____. Es un _____ que hace _____ para _____. La
> ayuda que puedan prestarme me será muy útil. Si se desenvuelven en los medios, cuentan con un público o tienen ideas, contactos o recursos que puedan servirme cuando lance mi proyecto, les estaría eternamente agradecido. Sólo díganme quiénes son, qué pueden ofrecer, para qué me serviría y cómo establecer contacto con ustedes.

Dependiendo del tamaño de tu plataforma, recibirás entre decenas o miles de mensajes, algunos de los cuales te serán de utilidad.

La gente suele disponer de recursos en los que no se ha tomado la molestia de pensar y que inevitablemente salen a relucir demasiado tarde. "¡Oye!, en la universidad fui compañero de [inserta el nombre de un pez gordo]" o "Sí, [inserta el de un reportero] escribió hace unos años acerca de mi compañía". Tal vez tengas una cuenta influyente en cierta red social, ¿y qué decir de las direcciones de correo electrónico que has juntado al paso de los años? Quizás el periódico de la ciudad donde creciste publica información sobre casos de éxito local; esto también es un recurso, pese a que no tengas ningún vínculo con esa publicación. Entre más pronto estés al tanto de todo eso, más rápido podrás utilizarlo.

Aunque tengas muchas relaciones o pocas, y a pesar de que las consideres débiles, agrúpalas en una hoja de cálculo. Detalla ahí: nombres, empresas, promesas, deudas, para que sepas con qué trabajarás. Si de esto resulta una hoja de cálculo muy pequeña, no importa, de ser ése el caso yo me tomaría un minuto para considerar qué revela eso. ¿Tendrás que operar solo y compensar tal falta de recursos con mayor actividad e intensidad, o es preferible que esperes a estar mejor provisto y preparado?

Un general no pensaría siquiera en entrar en batalla sin saber cuántos soldados, armas y pertrechos tiene; y ciertamente no lo haría si determinara que no tiene suficientes armas para hacer la diferencia. La prudencia, dicen, es la parte primordial del valor.

La otra ventaja a tu favor —y de toda labor de mérito— es el producto mismo. Si en verdad has resuelto un problema (o varios), lo que tienes en tus manos vale mucho para un número significativo de personas; idealmente, para muchos tipos de personas. Cuando es así, el producto puede hacer el doble de trabajo valiéndose de una de las más eficaces y controvertidas estrategias de mercadotecnia que yo haya visto jamás.

GRATIS, GRATIS, GRATIS

Antes de ser uno de los raperos con más ventas en el mundo, 50 Cent fue un traficante de crack en las calles de Jamaica, Queens. Una de sus estrategias consistía en pagar a su gente para que robara a traficantes rivales, tomara sus reservas y regalara esta droga en el barrio. A partir de ese momento 50 Cent era el único proveedor del rumbo y tenía un buen número de clientes enganchados a su producto, dominaba el mercado completamente.

Podría afirmarse que eso es violento y abominable, pero si dejamos de lado la moral es también una muy brillante estrategia de ventas y mercadotecnia. Un avispado colega de negocios me describió una vez el arte de la mercadotecnia como cuestión de "buscar a tus adictos". Esto era literalmente lo que 50 Cent hacía, y lo que en sentido figurado intenta hacer cada creador cuando da a conocer su trabajo. ¿Has *visto* alguna vez las colas afuera de una tienda de Apple durante la semana de lanzamiento de una versión del iPhone, o afuera de un cine en la semana previa a un estreno de *Star Wars*, o el tumulto alrededor de una tienda Nike el día en que sale a la venta el nuevo modelo de LeBron James? Quienes se forman en esas filas no son cazaofertas ni seguidores de ocasión; son *adictos*.

Lo ideal es que, con la labor realizada en las dos primeras partes de esta obra, nuestros libros, películas, productos, comedias u obras de arte resulten lo más adictivas y cautivadoras posible. La calidad no es el problema; la dificultad radica en que las personas *no tienen idea de que nuestro trabajo existe siquiera*. No lo han probado aún; ¿cómo podrían conocerlo entonces?

El editor Tim O'Reilly lo dijo bien: "El problema de casi todos los artistas no es la piratería sino el anonimato". En otras palabras, dedicamos mucho tiempo a insistir en que nuestra labor no sea robada ni obtenida gratis... pero olvidamos que *no ser conocido* es para un artista un destino mucho peor que recibir por su trabajo menos dinero del que debería.

¿Cuánto cuesta lo que vendes? ¿Veinte? ¿Cincuenta? ¿Mil dólares? Sea cual sea su precio, a menudo lo exigimos por adelantado a nuestros clientes. Sin embargo, ésa no es toda la historia ni el precio completo. Además del costo real, está el valor del tiempo que los compradores dedican a consumir el producto: todo lo que se pierden por haber decidido consumirlo (los economistas los llaman costos de oportunidad). Yo no podré recuperar las dos horas de mi vida que destiné a ver una película si ésta no fue buena; nadie me reembolsará el tiempo que dediqué a escuchar tu álbum. La vida es corta y no podemos leer más que determinado número de libros; cuando elijo uno, decido expresamente no leer otro. Esto pesa mucho sobre los consumidores.

Hay otro costo que los creadores tienden también a pasar por alto: ¿cuánto le cuesta a la gente buscar una obra, mediante la lectura de reseñas o de un artículo acerca de ella? ¿Cuánto tiempo hay que invertir para descargarla, esperar a que llegue o configurarla? ¡Estos costos —de transacción y descubrimiento— existen incluso si tu trabajo es gratis! Piensa en los conciertos gratuitos a los que no has asistido, las muestras que no te has molestado en aceptar y probar, los bienes que no adquiriste pese a que eran cien por ciento inofensivos, te gustaban u ofrecían la devolución de tu dinero. Cuando lo ves así, ¡realmente es sorprendente que la gente compre o pruebe cualquier cosa!

Cuando decimos: "Échale un vistazo a esto", pedimos *mucho* de la gente, en especial si se trata de nuestro primer trabajo. ¿Por qué alguien te haría ese favor? ¿Por qué confiaría en ti? ¿Por qué correría ese riesgo? Hugh Howey, creador de la muy popular serie *Wool* y uno de los primeros grandes éxitos en la era de la autopublicación, juzga esencial que quienes comienzan regalen parte de su material, aunque sea por un tiempo. "Deben hacer algo con objeto de atraer al público", continuó, "para lo cual resulta útil que su trabajo sea gratuito o barato". También es valioso en lo relativo a volver el proceso lo más fácil y fluido posible. Cuanto más reduzcas el costo de consumo, más personas probarán tu producto, lo que significa que el precio, la distribución y otras variables son esenciales como decisiones no sólo de negocios, sino también de *mercadotecnia*.

Tim Ferriss planteó una interesante pregunta: "Si TED Talk hubiera cobrado desde el principio sus videos, ¿dónde estaría ahora?" La respuesta es más cerca de la "oscuridad" que de la "popularidad"; ese sitio de conferencias ha tenido millones de visitas desde que presentó sus primeros videos. ¿Por qué nuestro trabajo tendría que ser distinto?

Claro que la estrategia de productos gratis es más fácil de aplicar en algunos casos que en otros. El músico independiente Derek Vincent Smith (alias Pretty Lights) la siguió tan frecuente y prolíficamente que obtuvo no sólo una audiencia enorme para sus espectáculos en vivo, sino también una nominación al Grammy. Tras la aparición de su primer álbum en 2006, ha regalado sus ocho álbumes y sus discos posteriores en su sitio web. "Sabía que tendría que sostenerme con mis actuaciones en vivo, así que quería utilizar la mayor cantidad posible de altavoces", declaró a *Fast Company*.

A partir de 2008, su música pudo descargarse con costo en iTunes y Amazon, mientras que seguía siendo gratuita para quien la bajara de su página en internet. Esto dio a sus fans la opción de apoyarlo económicamente al tiempo que su público aumentaba por efecto de las descargas gratis. Para 2014, Pretty Lights tenía un promedio de 3 mil descargas de álbumes pagadas al mes; 21 mil 500 descargas de sencillos y 3 millones de reproducciones pagadas en plataformas como Spotify. Su álbum *A Color Map of the Sun* fue nominado a un Grammy en 2014, luego de ser descargado gratis más de 100 mil veces durante su primera semana de lanzamiento.

Regalar música no impide venderla. Recordé esto el otro día cuando recorría mi fonoteca y tropecé con un par de álbumes que he oído al menos cien veces al paso de los años. Me acordé de que, como eran bandas que no solía escuchar, las oí por vez primera porque las tocaban gratis en MTV durante la semana de su lanzamiento. Las escuché cuando estudiaba la preparatoria, más tarde compré el disco y ahora me siguen de una laptop a otra y de un iPhone al siguiente.

Para volver por un instante a las conferencias TED Talk, recuerda que sus videos son gratis en línea, pese a lo cual quienes desean asistir pagan cerca de 10 mil dólares y la gente se muere por conseguir boletos. Una cosa conduce a la otra.

En cuanto a los libros, la estrategia de ofrecerlos gratis es posible de varias maneras. Los escritores pueden regalar capítulos completos, fragmentos en calidad de artículos o un adelanto; obsequiar toda la obra a un público selecto, y buscar eventos o patrocinadores que compren ejemplares que se regalen después. En una u otra forma, mis libros están casi íntegramente disponibles en línea sin costo alguno; si el contenido es bueno, deseo publicarlo gratis en internet, porque es mi mejor argumento de ventas. Es común que mis obras sean subidas a sitios pirata (quizá la copia que lees en este momento es pirata) y he obsequiado también gran cantidad de ejemplares. Todas las historias de *I Hope They Serve Beer in Hell*, de Tucker Max, podían conseguirse en internet —lo que sucede aún hoy— sin que esto haya impedido de ningún modo que ese libro vendiera más de 1.5 millones de ejemplares; si acaso, las historias sin costo impulsaron esas ventas. En 1985, la novela *Beaches* (más tarde una película muy taquillera [*Eternamente amigas*] cuyo soundtrack fue más exitoso todavía) fue lanzada mediante una campaña en *Los Angeles Times* en la que se ofrecía un ejemplar gratuito a las primeras 2 mil personas que escribieran; este obsequio incluía un ejemplar para regalar a un amigo.

El rapero Soulja Boy empezó su carrera subiendo sus canciones a la plataforma LimeWire, aunque a propósito ponía mal el nombre de las pistas para que los usuarios creyeran que obtenían descargas gratis de los sencillos más recientes de 50 Cent y Britney Spears. La mayoría se daba cuenta del error, pero quizás otros, pensó Soulja, disfrutaban de lo que oían. Paulo Coelho le perdió el miedo a la piratería; *él mismo pirateaba sus libros* en países como Rusia. ¿Por qué? Porque no tenía dinero para hacer mercadotecnia y descubrió que ésa era la manera más rápida y efectiva de impulsar ventas lícitas en esas regiones de difícil acceso. En Rusia vendió, en el transcurso de un año, 10 mil ejemplares de una de sus novelas; al siguiente —gracias al empuje de la piratería— vendió 100 mil (lo que de seguro tranquilizó a su editorial). Una vez difundió en Facebook la foto de un niño que vendía en las calles de la India copias no autorizadas de sus libros; no lo hizo para denunciarlo, sino para agradecérselo y escribió: "Sé que la gente llama 'piratas' a esas ediciones, pero para mí es un honor y un medio honesto para que este chico gane dinero". Ha vendido de sus libros la casi inaudita cantidad de *165 millones* de ejemplares; es evidente que esa estrategia funciona.*

---

* No siempre es fácil conseguir socios cuando se aplica tal estrategia pero, como dicen, es mejor pedir perdón que pedir permiso.

Esto contrasta con la forma en que opera la edición de libros o cualquier otra actividad tradicional. Quienes trabajan en este ramo intentan estirar cada centavo, en tanto arruinan sus perspectivas de ventas y crecimiento a largo plazo (es decir, la lealtad a la marca). En la caja registradora del restaurante donde desayuné esta mañana, una pluma cuelga de un mugriento cordón, para que nadie se la robe. ¿Mi parte preferida? Ni siquiera es una pluma del restaurante; fue visiblemente robada del banco que se encuentra adelante, en la misma calle. Al mismo tiempo, ese restaurante paga un costoso anuncio panorámico en la autopista para llamar la atención.

No hace mucho, bandas como Metallica demandaban a sitios de archivos compartidos porque *pirateaban* su trabajo, pese a que ese grupo forjó su audiencia mediante el intercambio de casetes porque la radio se negó a transmitir sus canciones al aire. Hoy los creadores inteligentes saben que entre mayor sea el público al que pueden llegar, mejor. En campañas pasadas yo me asocié con BitTorrent, una de las herramientas de piratería más importantes del mundo, para regalar música, libros y otros contenidos, justo por esa razón.

¿A estos creadores no les preocupa perder ventas? Aunque existe este riesgo, es preferible. Cory Doctorow, conocido autor de ciencia ficción y editor de uno de los blogs más importantes del mundo, explicó: "Pese a que en el arte es difícil convertir la fama en dinero, es imposible convertir el anonimato en dinero. Cualquiera que sea la actividad con que planeas obtener recursos —descarga de libros, venta de anuncios, patrocinio, financiamiento colectivo, comisiones, otorgamiento de licencias a alguien que sabe cómo obtener dinero—, no tendrás ninguna oportunidad si la gente no se ha enterado de que tu producto existe".

Piensa en todo lo que *no se ha* probado *a pesar de que sea muy económico*. Esto se debe a la abundancia de la cual disfrutamos como consumidores; es mucho lo que no podrás consumir a lo largo de tu vida. Así pues, rechazamos gran parte de ello, en especial las cosas que parecen muy costosas.

Por eso, como creadores debemos estar dispuestos a darle a la gente *una prueba* de nuestro trabajo, o a regalarla incluso completa.* Así es como forjamos una audiencia y adquirimos impulso.

---

* En el caso de *Maestría*, de Robert Greene, tomamos casi mil páginas de las entrevistas que él les hizo a algunos famosos y las transformamos en un complemento electrónico

Creo que descubrirás que ya aceptas esta idea más de lo que crees. ¿Le cobrarías a un reportero si quisiera hacer una prueba de tu producto? Si una estrella entrara a tu restaurante, ¿no le invitarías la comida? Si te enteraras de que a una celebridad de las redes sociales con millones de seguidores le agrada lo que haces, ¿lo pensarías dos veces antes de mandarle por correo tus obras casi completas?

Nuestro público inicial es igual de relevante. Tenemos que atraparlo de algún modo y la gratuidad suele ser la mejor manera de hacerlo. Muchas grandes y muy lucrativas compañías tienen que aceptar también esta incómoda realidad de la vida moderna. ¿Cuántos de tus amigos utilizan la cuenta de HBO o Netflix de otra persona?

Aunque esto podría ser fácil de impedir, los proveedores —sobre todo aquellos con sentido común— optan por hacerse de la vista gorda. Las televisoras lo ven como una variante del modelo de negocios conocido como *freemium*, en el que se regala una versión reducida del producto y después se ofrecen imponentes características adicionales que la gente está dispuesta a pagar. Si lo piensas bien, ésa es la esencia del bloque de paga, cuando cada mes recibes gratis diez artículos de *The New York Times*, pero hay que sacar la tarjeta de crédito si quieres más.

He aquí algunos de los servicios que me han atrapado (y quizás a ti también) en forma similar: Spotify, Dropcam, Basecamp, Amazon Prime. Algunos eran pruebas gratis de treinta o noventa días; otros, versiones de introducción de productos avanzados. Como sea, me pillaron como a los primeros "clientes" de 50 Cent y ahora pago por ellos, aunque lo hago nada más porque eran gratis cuando los descubrí.

Esto no quiere decir que la reacción automática contra la piratería sea un error. Metallica tenía razón desde una perspectiva legal y sólo fue miope (o estaba en un punto en su carrera donde la ganancia era más importante que la exposición y el descubrimiento).

En contraste, el humorista George Ouzounian, también conocido como Maddox, en su sitio The Best Page in the Universe, ha obsequiado en internet la casi totalidad de sus textos —sin anuncios— durante veinte años; sus

---

gratuito (o una prueba gratis, dependiendo de cómo lo veas). Descargado más de 20 mil veces, se convirtió en el número 115 en Amazon y contribuyó a hacer del libro un best seller de *The New York Times*.

composiciones han sido leídas 500 millones de veces durante los últimos quince años. Cuando intercambiamos impresiones, yo mencioné su "contenido gratis" y él se apresuró a corregirme: "Ofrecer contenido gratuito y compartible es una parte importante de la ecuación, pero debo enfatizar que es gratis únicamente para el lector. El costo de alojamiento del sitio y el mantenimiento de mis textos es muy alto para mí, porque no los monetizo con anuncios. Dejo esto en claro en mi página web, lo que le comunica al lector dos cosas: 1) que me sacrifico por mis textos, lo cual significa que escribo porque tengo algo que decir, y 2) que mi mensaje es sincero.

"No tener anuncios y cumplir esa promesa induce confianza en mi audiencia. Esta confianza es muy valiosa cuando respaldo productos, lo que hago en muy contadas y espaciadas ocasiones. Por eso mi respaldo a productos, servicios o personas suele ser muy exitoso".

Eso es cierto no sólo con las camisetas que Ouzounian ha vendido en su sitio web —con valor de millones de dólares—, sino también con relación a los best sellers de *The New York Times* (y ahora de venta duradera) que él produjo y comercializó a través de su página.

SI NO GRATIS, BARATO

Ya mencioné uno de mis restaurantes favoritos en Los Ángeles: Clifton's Cafeteria. ¿Se trata de la venerable institución gastronómica que tiene un magnífico árbol en su eje y un anuncio de luz neón que ha brillado desde que Franklin Roosevelt era presidente? Fue alguna vez una dispersa cadena de restaurantes en el sur de California y su local en el centro de Los Ángeles, en Brookdale, lucía una cascada, animales disecados e incluso una capilla mística (si te suena familiar, quizá se debe a que Jack Kerouac lo refirió en su novela *En el camino*). Setenta y cinco años después, el local sigue abierto, pero fue comprado, remodelado y modernizado en 2015 por una nueva generación. Como nos recordó su nuevo dueño, Andrew Meieran, gran parte del éxito de Clifton's como institución cultural radica en que transmite una sensación de atemporalidad. No obstante, opino que sus siete décadas de éxito *comercial* ininterrumpido deben atribuirse a algo más simple: que su comida siempre ha sido muy barata. Y no sólo eso; durante la Gran Depresión mantuvo una política de "Pague lo que pueda". Como me explicó Meieran, "esto impuso una sensación de comunidad y pertenencia que creó una base de clientes muy leal, lo que provocó generaciones de clientes recurrentes".

Escritores como Ray Bradbury y Charles Bukowski formaron parte de esa comunidad; disfrutaron de la limonada gratis y la comida a bajo precio mientras fueron pobres, y cuando se hicieron famosos volvieron y pagaron. Bradbury hizo ahí la fiesta con la que celebró su cumpleaños número ochenta y nueve.

Pese a ser una estrategia espléndida, la gratuidad no siempre funciona, desde luego. La publicación tradicional de este libro, por ejemplo, limita mis opciones a ese respecto; aunque yo regalaría con gusto un sinfín de ejemplares porque me es posible monetizar mi proyecto de diversos modos, mi editorial jamás lo haría, porque no puede (su negocio es vender libros). Y aun si yo obsequiara muchos ejemplares para promover el descubrimiento de mi obra, tendría que empezar a cobrar en algún momento, o de lo contrario ese hallazgo valdría poco. Es muy raro que la estrategia de la gratuidad opere en forma indefinida; los *negocios* son así, después de todo.

También Clifton's descubrió eso. A su dueño le agradaba tanto atender a la gente y estaba tan dispuesto a regalar su comida —sus lemas incluían *Si no le gusta la cena, ¡no la pague!* y *Tú pones la fiesta, nosotros el pastel*— que estuvo a punto de quebrar, lo que obviamente no habría beneficiado a nadie; es imposible compensar con cantidad una constante pérdida por unidad. Hoy Clifton's no ofrece comidas gratis; de hecho, su nuevo dueño invirtió millones de dólares en el mejoramiento del menú y la decoración para cobrar precios justos y sostenibles y preservar el negocio un siglo más. Como todo, esto también requiere equilibrio.

La pregunta es entonces: ¿cuál es el precio indicado para crear un bien de venta duradera? Por controvertida que sea, mi respuesta es: *el más bajo posible, sin que esto perjudique la percepción de tu producto* (por cierto, salvo por las marcas costosas de muy alto nivel, pienso que perjudicar la percepción de tu producto por efecto del precio es muy difícil).

La razón de esto es que un clásico de cualquier especie posee dos características: 1) es bueno y 2) muchas personas (relativamente) ya lo han consumido. Una de las mejores vías para generar desde el principio una base de lectores, espectadores, oyentes, usuarios o clientes es vender barato.

No es casual que el paquete de cinco barras de chicles Wrigley's cueste treinta y cinco centavos de dólar. "No hemos sido líderes de precios durante años", dijo un vocero de esa empresa cuando anunció en 1986 que el precio subiría de veinticinco centavos a treinta y cinco, "pero llamamos la atención cuando lo elevamos". La primera pluma Bic costaba diecinueve centavos; medio siglo después cuesta casi lo mismo, si se considera la inflación. Su bajo precio la ha vuelto la pluma preferida de millones de personas. En vez de lanzar costosas campañas con celebridades, su estrategia de mercadotecnia consiste en mantener un precio bajo, lo cual no es fácil de hacer.

Amazon dispone de muy buenos datos de precios y ventas de libros, según los cuales entre más barato es un libro, más ejemplares vende (y gana más dinero que si fuera caro). Los economistas llaman a esto elasticidad de precios, la que se aplica a casi todos los productos, en particular durante su lanzamiento: cuanto más baratos sean, más personas los adquirirán y más fácil será comercializarlos. Claro que existe el efecto Veblen (entre más cuesta un producto, más personas lo quieren), pero lo más común es que la demanda esté en función del precio.

Por persuasivas que puedan ser las matemáticas, en términos emocionales es difícil ofrecer con descuento la obra de nuestra vida (o de gran parte de ella). Vender una obra por debajo de su valor atenta contra nuestro ADN como artistas. Quienes aman lo que hacen y valoran su trabajo tienen grandes dificultades para aceptar las realidades del comercio; éstas los degradan, y admitir eso les resulta ofensivo. Una escritora me contó hace poco que se rehusó a ofrecer su trabajo por medio de Amazon —la cual absorbe setenta por ciento de las ventas de libros en Estados Unidos— porque gana más si lo vende en su sitio. Comprensiblemente, quiere obtener la mayor cantidad de cada venta, aunque esto suponga una nula visión a largo plazo. Cualquier ingreso extra que ella recibe por ejemplar perjudica su presencia entre un público más amplio, lo que impide que su libro se establezca como un clásico definitivo en su campo.

Las editoriales han librado una añeja contienda con los precios bajos. Uno de los motivos de que Raymond Chandler sea considerado el autor por antonomasia de la novela negra es que adoptó la edición rústica, que otros autores y editores temían como el fin de la industria. De sus primeras novelas vendió de inmediato varios miles de ejemplares; gracias a la llegada de la edición rústica —a un precio de veinticinco centavos de dólar—, 300 mil ejemplares tan sólo de su primer libro, *El sueño eterno*,* y millones en las décadas siguientes. De esa forma llegó a una cifra incontable de nuevos aficionados, que antes fueron excluidos por el precio. En algunos casos, éstos no tenían librerías cerca; las nuevas ediciones eran tan baratas que se vendían en cigarrerías, gasolineras y terminales de trenes.

Cualquiera que sea el caso, muchos en la industria editorial pensaban que eso era un error. Se resistían a la edición rústica como hoy al económico libro digital; creían que abarataría la industria y devaluaría el libro. Chandler sabía que esa manera de pensar era obtusa y cortoplacista; en una carta expuso una lógica que se aplica a casi todos los oficios del mundo:

> Para esos sujetos [de la industria editorial], la literatura es en mayor o menor grado el hecho central de la existencia, mientras que para innumerables personas razonablemente inteligentes se trata de una actividad suplementaria sin importancia, una vía de relajamiento y escape y, en ocasiones, una fuente de inspiración. Sin embargo, podrían arreglárselas sin ella mucho más fácilmente que sin el café o el whisky.

Aun en nuestros días, las grandes casas editoriales han librado fuertes batallas en defensa de su derecho a determinar los (altos) precios de sus libros digitales en Amazon, y celebrar después el aumento en las ventas de los libros impresos. Esto equivale a servir platillos más caros cuando lo que deberían hacer es llevar más personas a la mesa (llegar a personas que de otro modo *no leerían*). Las ediciones rústicas de Chandler fueron un nuevo, extenso y sustancioso platillo sobre la mesa, más apetitoso porque tales ediciones estaban específicamente diseñadas para costar menos que una cajetilla de cigarros. Él se dio cuenta de que si quieres llamar la atención de las personas, una estrategia eficaz es que tus libros sean más baratos y fáciles de conseguir que las demás cosas que usualmente compran y usan.

Nuestra creación es para *nosotros* un aspecto central de la existencia; después de todo, es fruto de nuestra labor. Pero para la mayoría es algo opcional, y puede sobrevivir fácilmente sin ella. Un creador sensato acepta esta realidad y le facilita lo más posible a la audiencia arriesgarse a adquirir una obra suya.

* En una época en que el libro promedio vendía menos de 2 mil ejemplares.

Hasta ahora he orquestado varias campañas excelentes, algunas de las cuales han aparecido en las listas de las mejores campañas de mercadotecnia y relaciones públicas de todos los tiempos. No obstante, para mí es una lección de humildad que la campaña más efectiva que he emprendido para uno de mis libros haya consistido en vender con descuento *The Obstacle Is the Way*. La editorial rebajó el precio del libro digital de 9.99 a 3.99 dólares y lanzó además una promoción en un boletín especializado en libros digitales económicos. Las ventas se triplicaron una semana tras otra y permanecieron estables; tanto así que el algoritmo de Amazon mantuvo el precio de descuento más de un año, subsidiando el bajo precio de mi libro considerándolo como un artículo de gancho para atraer a sus clientes (he aplicado con gran éxito esa promoción a otros títulos, entre ellos uno sobre el Día del Trabajo, del que vendimos cerca de 5 mil ejemplares en veinticuatro horas). Y pese a que el periodo de descuento concluyó, las ventas mantuvieron un alto nivel.* El precio *es* mercadotecnia.

¿Hay excepciones a la regla? Por supuesto que sí. Mientras escribo estas líneas, llevo puestas unas botas de trescientos dólares de Red Wing, compañía con ciento diez años en Estados Unidos; la famosa tetera de Joey Roth, la Sorapot, de doscientos ochenta y cinco dólares es la que mi esposa usa casi todas las mañanas. Un buen número de marcas de moda se han arruinado por ofrecer a bajo precio sus productos o distribuirlos en tiendas de descuento. Algunas cosas son caras porque de lo contrario enviarían el mensaje incorrecto o su alta calidad sería insostenible a un costo más bajo. Pero aun en esas industrias, los directores generales suelen expresar, en privado, actitudes muy abiertas ante la falsificación y el otorgamiento de licencias; saben que esto puede servir como punto de acceso a su producto y promover su marca.

Por regla general, sin embargo, entre más accesible sea tu producto, más fácil será comercializarlo. Siempre podrás subir el precio después, *una vez que* hayas amasado una audiencia.

---

* Si gracias a una promoción como ésa es posible organizar una sola conferencia o consultoría, basta con ello para compensar la totalidad del descuento y algo más.

BUSCA A TUS PROMOTORES: ENTRE MÁS INFLUYENTES, MEJOR

El caso de John Fante es desolador: la carrera de un gran novelista parcialmente arruinada por Hitler y el mundo privado de al menos un par de libros sobresalientes. Pero hay otro giro en que nos brinda de algún modo un final feliz: después de cincuenta años de languidecer en la oscuridad, *Pregúntale al polvo* fue descubierta en la biblioteca pública de Los Ángeles por el escritor Charles Bukowski, a quien deslumbró tanto que él se deshizo en elogios entre todos sus conocidos, incluido su editor. Lo que siguió fue el resurgimiento de la obra de Fante, quien pasó sus últimos años terminando una nueva novela y cuyo nombre fue dado a una plaza pública del centro de Los Ángeles: nada mal para un individuo al que la historia estuvo a punto de olvidar.

Supe de Fante por otro de sus admiradores, el escritor Neil Strauss, quien declaró en una entrevista que *Pregúntale al polvo* era su novela preferida. Fue así como me convertí también en promotor de ese artista y contribuí a que mis seguidores compraran miles de ejemplares de su obra. El poder de los promotores es que pueden rescatar el arte de entre los muertos.

También pueden dar vida a algo como no pueden hacerlo los medios más prestigiosos y de mayor alcance. Vi cómo un post en Instagram, salido de una persona influyente, elevaba un libro hasta el sitio más alto en Amazon, mientras una reseña sobre él en *The New York Times* tenía un impacto casi nulo. Cuando una persona real, un ser humano verdadero en quien los demás confían, dice: "Esto es bueno", sus palabras tienen un efecto que ninguna marca, anuncio e institución sin rostro puede igualar.

Durante casi veinte años, el más fuerte respaldo para la comedia estadunidense era Johnny Carson. Si, de fines de los años setenta a principios de los noventa, un comediante se presentaba en *The Tonight Show* y Carson le daba el visto bueno o, mejor todavía, lo llamaba al sofá, su carrera cambiaba de la noche a la mañana.

Drew Carey era un comediante común y corriente cuando fue a *The Tonight Show* en noviembre de 1991, seis meses antes de que Carson se retirara. Fue llamado al sofá y nada volvió a ser igual para él. "Todas las agencias querían conocerme, mis representantes no podían responder a tantas llamadas que recibían; durante una semana, su asistente no hizo otra cosa que contestar el teléfono", explicó. "A fines de ese año, ya estaba en tratos con Disney". En los veinticinco años posteriores, Carey protagonizó una serie con su nombre que duró nueve temporadas, condujo la versión estadunidense de *Whose Line Is It Anyway?*, que duró también nueve temporadas, y hoy conduce *The Price Is Right*, el cual se ha mantenido nueve años en el aire. Y todo comenzó con la aprobación y el llamado de Johnny Carson.

La mayoría de los respaldos son naturales, incluso accidentales. La pregunta es: ¿cómo atraer recomendaciones de nuestro trabajo y aumentar las posibilidades de que tal cosa nos ocurra a nosotros?

El primer paso es el más difícil: hacer algo imponente que supere las expectativas de las personas más ocupadas e importantes o con el gusto más exigente. Ya dedicamos la primera mitad de este libro a esa idea, la cual importa sobre todas las cosas. No hay lucha por la atención más encarnizada que ésta, en busca de recomendaciones. Bukowski no habría puesto en juego su reputación a favor de Fante si la obra de éste no fuera fantástica. Carson jamás aprobó a un comediante por mera amabilidad. Si no tienes lo que se requiere, es imposible que esta estrategia dé resultado.

Supongamos que lo tienes. La parte siguiente es más fácil de lo que crees, porque ahora el interés está de tu lado. Carson no impulsó la carrera de Carey por altruismo; *deseaba* descubrir nuevos comediantes con talento, que su programa presentara a los mejores y más populares y éstos dejaran huella. Los creadores suelen olvidar que quienes pueden recomendarlos tienden a admirar el arte (Carson era comediante, le encantaba este género) y que su éxito depende de que se les considere líderes e iniciadores de tendencias. Oprah obtiene dinero de su célebre lista de "cosas favoritas"; los blogueros suelen llevarse una tajada de los ingresos de sus patrocinadores cuando publican links con los productos que les gustan. ¿Tú puedes hacer cualquier cosa que los haga quedar bien? Entonces es muy posible que algo suceda.

Kathy Sierra, conocida programadora y desarrolladora de videojuegos, se ha referido a la necesidad de tomar en cuenta "al público de tu público" cuando se diseña y comercializa un producto. Añade que los creadores no deben pensar: "¿Esto me hará quedar bien?"; al vender o producir, tienen que concentrarse en hacer quedar bien a *su público*. Mejor todavía, olvídate del "quedar bien"; haz que "esté bien" y punto. O como Sierra señala, vuélvelo "sensacional".

Cuando tienes algo que puede hacer lucir sensacional o beneficiar a una persona influyente, el siguiente paso es la investigación. A menudo me desconcierta la dificultad de los creadores para identificar a individuos influyentes de su área; si vives y respiras tu obra, la respuesta debería ser automática (lo ideal es que esos individuos *influyan en ti también*). Pero si la ignoras, es momento de que peines la red y reúnas expedientes de posibles objetivos. ¿Quién tiene muchos seguidores? ¿Quién se ha hecho fama como iniciador de tendencias? ¿Quién está bien relacionado u ocupa un lugar prominente en tu industria? ¿Quién está ansioso de películas, apps, alimentos o servicios como los tuyos?

Aunque no es indispensable que esas personas sean famosas, deben importarle mucho al público al que tú quieres atraer. Entonces viene la parte difícil: ponerte en contacto con ellas.

LA PETICIÓN (Y QUÉ HACER CUANDO OYES EL SÍ)

¿Cuál es la mejor manera de pedirle a alguien que respalde tu trabajo o lo dé a conocer entre su público? Pregunta capciosa: lo mejor es *no* tener que pedirlo.

Nadie en Ray-Ban le pidió a Don Henley que mencionara el modelo Wayfarers en la canción "The Boys of Summer"; sucedió así nada más, porque esos lentes se ajustaban a la perfección al estado anímico y mensaje de aquella pieza. Puedo jurarte que nadie en American Apparel le pidió a Kanye West que rapeara acerca de ellos ("Necesito más tragos y menos vallas/y a esa American Apparel de malla"); sin embargo, no permitas que esos grandiosos e icónicos accidentes te hagan creer que tales cosas no pueden inducirse.

Marc Ecko hizo de su marca de ropa Ecko Unltd. una compañía multimillonaria y producto obligado de la moda y la música popular mediante el recurso de perfeccionar lo que él llamó "botín de bombas", un producto a la medida del individuo al que deseaba impresionar. La primera persona de influencia a la que apuntó fue el popular DJ neoyorquino Kool DJ Red Alert. Ecko era fanático de su programa semanal, que solía presentar las tendencias más recientes y excitantes del hip-hop. A fin de que su compañía llamara la atención, se instaló en Kinko's para enviar por fax sus bocetos a la estación de Red Alert, y después empezó a enviar gorras, chamarras y camisetas decoradas por él. Nunca *pedía* nada a cambio; se limitaba a confeccionar cosas excéntricas y se las mandaba a personas influyentes que quizá las apreciarían. Fue así como dio su primer golpe y su marca no volvió a ser la misma.

Ecko no enviaba lo que fuera a personas al azar; sabía quiénes importaban y lo que les gustaba. Cuando Spike Lee dirigió la película *Malcolm X*, le mandó "una sudadera con un laborioso retrato de ese personaje". Tardó dos días en hacerlo, pese a que nada garantizaba que Lee fuera a verlo siquiera. Resultó que el regalo le encantó y correspondió el gesto de Ecko con una carta. Dos décadas después *aún* trabajan juntos.

Claro que sería estupendo que el presidente de la nación incluyera tu libro en su lista de lecturas para el verano o que Oprah te diera el visto bueno. Tales casos de suerte inesperada pueden hacer alucinar a un creador y cambiarle la vida, y de ahí que tantos los persigan. Pero la verdadera razón de que esas listas importen es que no aceptan sugerencias no solicitadas.

Hay otras formas menos exclusivas de tener acceso a personas influyentes que moverán de todas maneras la brújula. Pese a que nosotros no buscamos a Kanye en American Apparel, yo dediqué cientos de horas y miles de dólares a cultivar relaciones con iniciadores de tendencias. Descubrí que una de las mejores vías para hacer contacto con ellos era muy simple: fijarme en quiénes usaban nuestra ropa o productos similares, a los que les mandaba un correo para saludarlos e invitarlos a nuestra fábrica para darles una visita personal (algo que otras compañías no podían hacer). Les enviaba amables correos y productos gratis. Si una celebridad necesitaba algo para una gira, se lo hacíamos a la medida y no le cobrábamos (teníamos una fábrica propia y podíamos hacer cosas que otras empresas no, como ya dije). Yo no les *pedía* nada; en cambio, les ofrecía cosas.

Algunas veces, si me enteraba de que tenían dificultades financieras compraba anuncios en su página en internet para ayudarles a mantenerse a flote. Quería establecer una relación en la que, cuando nosotros teníamos algo nuevo, se los enviábamos para que si les gustaba lo compartieran con su público. Gran parte de ese contenido todavía existe y aún vende productos actualmente, pese a que hace años no trabajo ahí ni pienso más en eso.

La mayoría de esos individuos eran blogueros y celebridades de internet de los que quizá no hayas oído hablar nunca. Si yo no hubiera trabajado en moda ni me hubiera sumergido en eso, tampoco sabría de ellos, pero lo cierto es que le rindieron a nuestra compañía millones de dólares en ventas. Yo no perseguía a todos, sólo a un selecto grupo con predisposición a gustar de nuestros productos. Y cuando quedaba claro que les gustaban —y su público respondía a esas sugerencias—, les dedicaba cada vez más recursos. Cuando halles a una persona influyente a la que le agrade tu producto, retenla de por vida (envíale tantas cosas que no sepa qué hacer con ellas; ¡puede ser que tenga amigos influyentes!).

Ponte siempre en sus zapatos: ¿qué sentirías si todos quisieran algo tuyo? ¿Si recibieras varios correos al día de desconocidos induciéndote a respaldar sus productos prácticamente gratis? De seguro que te abrumaría... o fastidiaría. Que la mayoría de los creadores —en especial las grandes compañías— contraten agencias de relaciones públicas que hagan eso por ellas brinda a los creadores que lo hacen por sí solos la oportunidad de ser agradables: piensa en la relación antes que en la transacción.

Las únicas veces en que les he pedido algo a personas influyentes —"¿Podrías postear esto por mí?" o "El libro sale la próxima semana, ¿podríamos hablar?"— se lo he dicho como si les pidiera regar mis plantas en mi ausencia. Porque éramos amigos y hacíamos cosas de ese tipo el uno por el otro.

He comprobado siempre que una parte decisiva de atraer a individuos influyentes consiste en buscar personas que *no estén* sobrecargadas de peticiones. Los escritores tienen que responder al gran número de solicitudes de comentarios que les hacen otros escritores; en cambio, a los académicos y altos ejecutivos es menos frecuente que se les pidan esas cosas. ¿Entonces a quién es mejor perseguir? Busca a personas que nunca reciban una petición de alguien como tú y acércate a ellas en lugar de acudir adonde todos van. Sé audaz, desenvuelto y original no nada más en la creación de tu obra, sino también con las personas de las que te apoyarás para comercializarla.

Hace unos años, los fundadores de nuevas empresas se percataron de que mientras que los inversionistas estaban demasiado ocupados, las estrellas de cine, los atletas y los músicos que tenían casi tanto dinero como ellos, no estaban tan ajetreados y, de hecho, les halagaba que les pidieran su apoyo financiero; gente como Ashton Kutcher, el rapero Nas, el basquetbolista Carmelo Anthony, Bono, la estilista Rachel Zoe... (tras su retiro en 2016, el basquetbolista Kobe Bryant instituyó un fondo con valor de 100 millones de dólares). El resultado fue una nueva clase de inversionistas no sólo más fáciles de abordar, sino que también aportaban abundante prestigio y largo alcance.

La última parte de la exitosa utilización de la influencia consiste en saber cómo *usarla*. Es formidable tener admiradores y promotores importantes, y su disposición a exhibir tu obra ante su público es una ventaja enorme, pero las cosas no terminan ahí.

Sé, por experiencia, que lo más efectivo de la atención de un sujeto influyente no se reduce a que dirija la atención de la gente hacia ti, sino que sirva también como una confirmación social. Un texto de contraportada no atrae nuevos lectores a un libro; sirve para convencer a un lector interesado: "¡Esto es de fiar!". En Katz's Deli se muestran fotografías del dueño con todas las celebridades que han comido ahí, aunque se exhiben *dentro* del restaurante; sirven para que los clientes reafirmen que *están en un lugar especial donde han comido personas especiales*. En medio del establecimiento cuelga también un rótulo que dice: *Harry conoció a Sally aquí... ¡Ojalá tengas la misma suerte!*

La confirmación social vende. Un producto de venta duradera la adquiere si *es de fiar* y crea después formas interesantes de aprovecharla.

Relataré una anécdota de confirmación social que no tiene nada que ver con proyectos creativos pero que considero ejemplar; me la contaron varios entrenadores de equipos universitarios de basquetbol, a los cuales les impactó lo que hizo John Calipari, entrenador de la Universidad de Kentucky. Por lo común, cuando un entrenador es admitido en el salón de la fama del basquetbol colegial, se levanta a hablar unos minutos y les da las gracias a sus amigos, familiares y colegas. Cuando en 2015 llegó el turno de Calipari, el siempre brillante entrenador decidió aprovechar la oportunidad para referirse a los jugadores de preparatoria que entonces pensaban en qué equipo jugar. Invitó a la ceremonia a más de sesenta exjugadores, muchos de los cuales ya eran profesionales, y les pidió que subieran con él al estrado (en muchos casos pagó su viaje en avión con recursos propios). En vez de hablar de sus propios logros, agradeció la colaboración de sus exjugadores y dedicó su discurso a hablar de ellos y de lo que hacían en la cancha. Los demás entrenadores quedaron maravillados por el sutil mensaje de su colega: "Si juegas para mí, podrás ser como uno de ellos".

Ése es el mensaje que debemos enviar a quienes queremos reclutar en favor de nuestra labor. Debemos buscar oportunidades creativas para hacerlo.

COBERTURA INFORMATIVA

A excepción de unos cuantos ermitaños, los creadores suelen aprovechar la oportunidad de aparecer en los medios de comunicación; a la gran mayoría le fascina la atención mediática. Sospecho que quienes dicen odiarla adoran su propia imagen en los medios, por más que finjan lo contrario. Ver tu nombre en revistas, oírlo en la radio y la televisión y verlo aparecer en una alerta de Google te hace sentir importante. Y si eso no fuera suficiente, podemos justificar nuestro ego con el argumento de que una "gira mediática" es valiosa como recurso mercadológico. Ya sea que queramos aparecer en canales tradicionales como la radio y las revistas o en grandes podcasts y plataformas en línea, damos por hecho que la publicidad vende. Por eso contratamos publicistas, regalamos nuestro tiempo (que podríamos dedicar a crear) a entrevistadores y hacemos circo, maroma y teatro para que se nos tome en cuenta. Los medios, nos decimos, son una inversión.

Pero ¿eso es cierto?

Desde mi punto de vista, casi todos —de las marcas a los artistas— *sobreestimamos* el valor de las relaciones públicas tradicionales. Gran parte de la prensa que la gente persigue es inútil y efímera, y pese a ello es lenta y costosa. Me desespera que haya personas que gastan de 10 mil a 20 mil dólares al mes en un publicista y que dedican horas enteras de su escaso tiempo de lanzamiento a cumplir las absurdas fechas límite de los medios (las revistas y otros escaparates supuestamente "infalibles" suelen requerir que reserves sus espacios con varios *meses* de anticipación). Una vez que aparecí en un programa de radio, tuve que esperar en el teléfono más de hora y media para hacer un segmento de sólo tres minutos que vendió la maravillosa cantidad de cero libros. ¿Qué sucede después con una entrevista como ésa? Desaparece. Es como los fuegos artificiales: lucen impresionantes, pero al final son sólo ruido y humo.

He visto a mis clientes figurar en la lista de "Los más buscados" de *The New York Times*, tan viral como se supone que es, cuyo libro en Amazon apenas sube de categoría por esa causa. Y he visto a otros en CNN, en programas nocturnos de televisión y donde te puedas imaginar, y obtener resultados nulos, por lo menos en términos de ventas. Yo estuve una vez en *20/20*, el programa de ABC, y mi lugar en Amazon *siguió la dirección contraria a la esperada*. Piénsalo así: si a los medios les cuesta trabajo que la gente pague el producto que ellos ofrecen, ¿por qué crees que convencerán a sus espectadores y lectores de que compren el tuyo?

Las cosas eran diferentes en el pasado; de hecho, demasiado. El panorama mediático era tan distinto que las editoriales podían darse el lujo de *cobrarles* a otras publicaciones por divulgar fragmentos de sus libros; en serio. Se les conocía como derechos de publicación por entregas y en otro tiempo fueron una sustancial fuente de ingresos para todos los involucrados.

The Wrecker, de Robert Louis Stevenson, se publicó por entregas en la *Scribner's Magazine* a lo largo de doce meses, con un costo de 15 mil dólares (de la década de 1890). Esa misma revista compró por 10 mil dólares los derechos de *Suave es la noche*, de F. Scott Fitzgerald, mientras que la *Metropolitan Magazine* adquirió los derechos de *Hermosos y malditos*, también de Fitzgerald, por 7 mil. La revista *Collier's* compró *Mantrap*, de Sinclair Lewis, por más de 42 mil dólares. Curiosamente, los tres primeros números de *Playboy* ofrecieron fragmentos de *Fahrenheit 451*, de Ray Bradbury, que costaron 400 dólares (acuerdo que negoció en su momento el entonces muy joven Hugh Hefner). En los años ochenta, una versión previa de *La feria de las vanidades*, de Tom Wolfe, se publicó en *Rolling Stone* en veintisiete partes, con un costo de nada menos que 200 mil dólares.

Durante las primeras misiones *Apollo*, la revista *Life* pagó 500 mil dólares de los años sesenta a toda la tripulación de astronautas y sus familias por el derecho a cubrir sus actividades y escribir sobre ellos en los años siguientes. Desde entonces los medios no han pagado tanto a nadie, excepto a los Kardashian.

En cualquier caso, puesto que los clientes no gastan ya en el consumo de información, los medios no le pagarán a nadie por aparecer en sus páginas, frecuencias o pantallas, y pese a todo representan una oportunidad. Mientras otros creadores pierden su tiempo persiguiendo conductos que no sirven, infinidad de estrategias de relaciones públicas sí dan resultado y, mejor todavía, son más fáciles de aplicar y con frecuencia no cuestan nada.

Pero regresemos al mito: suponemos que la prensa es esencial para el éxito porque a menudo cosas realmente buenas y populares conquistan mucha prensa. La pregunta es si ésta es *consecuencia* de algo muy bueno y popular o la *causa* de su calidad y aceptación. Al respecto, el número de fracasos de taquilla memorables que cualquiera puede mencionar debería desengañarnos para siempre.

En este sentido, la prensa tradicional está evidentemente sobreestima-da. Como ya dije, sin embargo, también hay aspectos en los que es posi-ble que se le subestime, uno de los cuales es muy relevante: la credibilidad y el prestigio.

Mi aparición en *20/20* no repercutió para mí en la venta de ejempla-res, pero es indudable que benefició mi carrera. El logotipo de ese programa luce muy bien en mi página en internet y nadie me ha preguntado: "¿Cuán-to duró el segmento?" Ni siquiera les importa si fue positivo o negativo; aun si mi presencia ahí se hubiera reducido a un fotograma, habría sido útil. Una vez se me otorgó la opción de rentar un departamento gracias a un recorte de periódico* y luego hice feliz a mi esposa cuando anuncié nuestra boda en *The New York Times*, un anuncio tan enlazable en una pá-gina de Wikipedia como cualquier otro. La prensa es buena para esas cosas y resulta que casi todos los medios son iguales. Pese a que no necesariamen-te convencen a los clientes, es innegable que ayudan a reclutar empleados e inversionistas y que impresionan a otros distinguidos intermediarios.

Una realidad de nuestra cultura es que si tú o tu producto nunca han sido cubiertos por la prensa, corres el riesgo de que la gente crea que no eres nadie. A menos que se trate de algo flamante, es poco frecuente que al-guien o algo sea al mismo tiempo definitivo *y* desconocido. Por eso la prensa merece tantas consideraciones y forma parte de los planes de mercadotec-nia más exitosos.

Con todo, el valor de todas esas referencias tiene un límite, y es raro que sean *más* valiosas que otras técnicas mercadológicas tan efectivas como el descuento o el contacto personalizado, cuyo alto costo en tiempo y dinero es otro asunto. ¿Acaso sería mejor que recorrieras todo el país en busca de cada uno de los iniciadores de tendencias en tu ramo? ¿Cuántos ejemplares podrías regalar con lo que le pagas a tu publicista? Si el sueño de que *The New York Times* publique un artículo sobre ti no te distrajera tanto, ¿qué otras oportunidades podrías detectar y perseguir?

Hazte esas preguntas con toda seriedad. Muy pocos tienen la discipli-na y conciencia que eso demanda.

---

* Era el adelanto de un libro mío, que yo había exagerado mucho como parte de un ardid publicitario.

DE TODAS FORMAS QUIERO PRENSA

Entiendo tu postura; es muy difícil disuadir a alguien del inmenso atractivo de la atención pública (hay cosas que sólo se aprenden por experiencia). Si vas a seguir una estrategia centrada en la prensa, no eches en saco roto mi consejo: comienza en pequeño.

NBC *Nightly News* no sería en absoluto el primer recurso y es poco probable que rinda frutos. Cosecharás más triunfos en las relaciones públicas si las tratas como al diseño de tu producto: identificando a tu público básico y partiendo de ahí.

En 2014 comencé a recibir correos electrónicos de entrenadores profesionales que aseguraban haber leído mi libro *The Obstacle Is the Way* y que les había ayudado a lograr que sus equipos ganaran. Tuve entonces una vaga visión de lo que esto podría significar algún día: ¿no sería maravilloso que *Sports Illustrated* o ESPN dedicaran un espacio a señalar que ese libro se había vuelto una sensación en los ámbitos del futbol americano, el basquetbol y el beisbol? Había visto que a otros escritores les ocurría eso, así que sabía que era posible, pese a que en ese entonces era algo que estaba casi totalmente fuera de mi alcance, por más que lo deseara. Aunque lo que hice después resultó importante, primero te diré lo que *no hice*: no les llamé a esos canales de difusión para suplicar que me favorecieran con un artículo.

En cambio les respondí a esos entrenadores para regalarles todos los libros que quisieran y busqué a otros que quizás habían leído mi libro para enviarles más ejemplares. Si veía que un jugador tuiteaba sobre mi libro, le dirigía un mensaje para enviarle ejemplares para sus compañeros. En el curso del año siguiente, la editorial y yo remitimos cientos de ejemplares a atletas, entrenadores y directivos, conforme entre los deportistas se esparcía la noticia de que, para conseguir un ejemplar de mi libro, bastaba con que me lo pidieran. Luego, una amiga que trabaja en el periodismo deportivo me invitó a un podcast que ella realizaba para un modesto programa de Minneapolis, en el que conversamos sobre la influencia de mi trabajo en los Patriotas de Nueva Inglaterra, uno de los equipos que me escribieron. Esa emisión llegó hasta un blog de aficionados que cubría a los Patriotas, de manera que toda la gente de mi red se puso a compartir y comentar ese artículo. Por último, dos años después de que se inició esta aventura, le propuse a *Sports Illustrated* que me publicara un texto y aceptó. Ese artículo —"Cómo un libro sobre el estoicismo se volvió popular en todos los niveles de la NFL"— se tradujo en la venta de tal cantidad de libros que la editorial se quedó sin ejemplares durante casi un mes.

Describo este proceso como "escalar". En una época en la que los medios están más interconectados que nunca, toman las noticias unos de otros y vuelven a cubrirlas. Gracias a que yo comencé en un modesto podcast en el que pude exponer la situación a mi manera, éste fue retomado después por un pequeño sitio que cubre un nicho, y generó un artículo que compartí y difundí para que las personas indicadas lo vieran, pude pasar de un pequeño programa a uno de los escaparates informativos más grandes e influyentes del mundo. Y aun sin este enorme beneficio, el episodio fue un gran éxito, porque me permitió vender libros, primero a los oyentes regulares de ese podcast y luego a los fanáticos de los Patriotas. Y jamás tuve necesidad de un publicista.

Cuando trabajamos con músicos, mi compañía y yo empezamos por rastrear los medios más esotéricos y específicos que se pueda imaginar. Comenzamos a hacer ruido; queremos dar la impresión de que el interés bulle por naturaleza (lo cual es cierto, gracias a nuestro enfoque). Sabemos que esos sitios alimentan a otros más grandes, los cuales hacen lo mismo con otros más grandes aún. Lo difícil es encontrar a los individuos que inspiran a las personas influyentes, lo que sólo logrará, con una verdadera investigación, quien esté realmente interesado en el mercado al que quiere entrar.

Esta estrategia es muy distinta y mucho más accesible que la de esperar vanamente (en ambos sentidos de la palabra) que *Vanity Fair* decida hacer un largo artículo sobre ti porque eres especial e inteligente. Requiere más dedicación y paciencia que emitir boletines de prensa con la esperanza de tener suerte. Y además *funciona*.

La otra ventaja es que añade un elemento de *empuje*. Cuando demasiados proyectos experimentan un momentáneo destello de popularidad y fama pública sólo para desaparecer bajo la presión y expectativas de esa atención, es preferible un redoble constante. Lo último que quieres es alcanzar un gran éxito y que los espectadores sientan que entre más se sumergen en tu trabajo, *menos* cosas descubren en él.

El inversionista, ex reportero de Tech Crunch y socio de Google Ventures M. G. Siegler aconseja a las nuevas empresas que no empeñen todos sus esfuerzos en que Apple las presente o destaque en la App Store, justo por dicha razón (aunque podría decirse que para las apps ésa es la publicidad editorial suprema). Aunque parecería indudable que un empujón de Apple es fabuloso, no siempre es así.

Porque a menudo no conocemos el otro lado de la moneda: que cuando Apple le concede a tu app un lugar muy codiciado, esto te distingue atrayendo a posibles usuarios demasiado estridentes… Quizá las masas no sean indolentes, pero pueden ser inconstantes.

Es mejor, dice Siegler, empezar con medios y rasgos modestos y subir poco a poco a las marquesinas. Estoy de acuerdo.

ATRAPAR LA ATENCIÓN, NO CONSEGUIRLA

Supongamos que estás listo para buscar la atención de medios importantes y que no lo haces como ser autocomplaciente. La buena noticia es que esta estrategia es más fácil de ejecutar de lo que la mayoría piensa.

Lo que muchos creadores no comprenden —porque sólo resulta claro si has hablado con numerosos reporteros durante un largo periodo— es que los medios están *ansiosos* de material. Los reporteros están todo el día a la espera de cosas interesantes, e impacientes de adelantarse a sus (incontables) competidores. Los medios modernos son un mercado de vendedores. Los reporteros *quieren* cosas; sus jefes dan por supuesto que se abalanzarán sobre las pistas que caigan en sus manos, porque las necesitan más que antes. *Ansían* que sus páginas sean vistas; si no lo consiguen, perderán su empleo. Si escribir sobre ti o cubrir tu trabajo les proporciona lo que quieren (lectores, por ejemplo), no te hacen un favor al ocuparse de ti; tú se lo haces a *ellos*.

Pero por impacientes que estén de noticias nuevas, los reporteros también están muy atareados, subremunerados y asediados de peticiones de otros que desean la misma atención que tú. Aunque ninguno de ellos ha dicho nunca: "Hay tantas cosas tan atractivas que no puedo cubrirlas todas", no les falta razón para hartarse después de recibir el enésimo comunicado de prensa que anuncia el lanzamiento de un revolucionario producto con un nombre absurdo. Escribir sobre ti y tu maravillosa e imponente obra maestra quizá sea bueno para ellos, pero no lo saben todavía. A ti te corresponde asumir la carga de explicarles —*demostrarles*, mejor dicho— los motivos.

En un nivel básico, mi única estrategia de búsqueda y obtención de medios es muy simple: indago en Google los nombres de reporteros para recabar sus direcciones de correo y números telefónicos (sí, esta información es pública); más tarde los localizo y les expongo lo que hago. Dejo que mi obra —interesante y persuasiva, que quizá les represente un beneficio— y su relación con lo que ellos cubren hablen por mí (no supongo que eso debe interesarles; lo vuelvo interesante y punto). Ése es todo el truco; no hace falta más. Si hay un secreto para los medios, está en el trabajo que has hecho: en los riesgos que corres y las cosas que realizas.

Cuando entiendes esto, la prensa es más fácil (y barata) de lo que crees. Un cliente mío, Jerry DeWitt, fue ministro de una iglesia durante veintiocho años; tras leer la obra de Richard Dawkins y conocerlo, se volvió ateo, lo perdió todo y sus familiares y amigos lo condenaron al ostracismo. Escribió entonces un libro muy conmovedor y estimulante, *Hope After Faith*, que documenta su experiencia. Mientras pensábamos cómo llamar la atención sobre ese libro —y las relevantes ideas de su autor—, DeWitt propuso organizar una "ceremonia religiosa" para ateos; nosotros lo animamos a celebrarla en el sureste de Estados Unidos durante la semana de lanzamiento de su obra. Durante la coordinación de esta ceremonia, una tarde comí casualmente en Nueva Orleans con un amigo que en ocasiones escribía para *The New York Times*; le mencioné el asunto y al día siguiente me escribió para preguntarme si podría asistir al evento y escribir sobre él para el *Times*. CNN nos pidió lo mismo.

Esto es lo que sucede cuando los preparativos se asocian con las relaciones y la oportunidad. Pedirle a un reportero en Nueva York que escribiera sobre un libro de publicación reciente (o sobre la ascendente tendencia del ateísmo) quizá no habría funcionado. ¿Pero y cuando alguien que escribe un libro y encarna esa tendencia hace algo tan sugestivo e inusitado como celebrar una ceremonia religiosa para ateos en el bastión del fundamentalismo protestante? Los medios más destacados del mundo *preguntan* si pueden escribir sobre eso; *piden* permiso.

Mejor aún: a veces te piden que *tú* mismo escribas sobre ti. A mi compañía se le ocurrió una idea para la banda Zeds Dead —popular dúo canadiense—: dar a algunos de sus fans monitores del ritmo cardiaco durante un concierto (esa idea me surgió cuando leí un artículo viral sobre una mujer que había posteado los datos de su Fitbit tras utilizarlo mientras tenía relaciones sexuales). A sabiendas de que a los medios podrían interesarles casos similares, pedimos a un experto en visualización de datos que trazara el ritmo cardiaco de esos fans en una forma llamativa. ¿Cómo subía y bajaba ese ritmo con la música? ¿Qué canciones tenían más impacto en ello? ¿Por qué el ritmo cardiaco de uno de esos jóvenes había aumentado mucho más que el de los otros? (estaba drogado). Hablé de esto con un amigo de Boing Boing (uno de los blogs más importantes del mundo) que cubrió el primer incidente y no mostró interés, aunque preguntó si acaso esa banda no querría publicar un artículo en primera persona sobre aquella experiencia. ¡Mucho mejor!

Uno de mis clientes lanzó su libro al espacio exterior (tuvimos esta idea luego de que James Patterson ayudó a uno de sus lectores a hacer volar un ejemplar de su libro). Un cliente de música filtró esperadas pistas en la sección "Contactos perdidos" de Craigslist; otro organizó un concierto acústico para los cachorros de la sala de parvovirus de un refugio de animales durante el festival South by Southwest (que nosotros llamamos "South by South Woof" en alusión a los ladridos); al público humano se le solicitó presenciar el espectáculo detrás de los cristales, lo cual hizo con lágrimas en los ojos. En otra ocasión ayudamos a alguien a lanzar un álbum íntegro en lo que se conoce como la "deep web", adonde acuden los delincuentes para comprar en línea drogas, ametralladoras y otras cosas terribles. Yo trabajé incluso con un cliente que convocó a un boicot nacional... ¡de sí mismo!

Lo que tienen en común todos esos casos es que en vez de esperar —o promover, una forma más activa de esperar— que los medios cubrieran las labores de personas maravillosas por sus méritos y valor intrínsecos, éstas tomaron el asunto en sus manos. Hicieron cosas que generaron oportunidades mediáticas para los reporteros. Produjeron algo que se abrió paso en medio del ruido a fin de realizar una afirmación, con lo que hicieron fructificar casi todos sus esfuerzos previos. La explosión vendió el filete.

Pero ¿qué hace que algo sea interesante? ¿Qué lo vuelve digno de cobertura informativa? Éstas son las preguntas esenciales, para las que te daré una respuesta sencilla: lo más llamativo que puedes hacer para la prensa suele ser aquello que más temes. Aquello sobre lo que exclamas en broma:

"¡Claro que no podemos hacer algo así!" (uno de mis trucos publicitarios más famosos utilizaba justo esas palabras). Y entonces *tienes que hacerlo*.

Así como Casey Neistat reprendió a nuevos creadores sobre el escaso valor de sus ideas comparadas con su ejecución, nadie consigue cobertura por *pensar* que llevará a cabo algo; lo hace por adoptar una posición, arriesgarse, salir a generar noticias donde no las hay; no por lo que siente o lo que cree, sino por lo que hace con esas creencias y sentimientos. En las elecciones presidenciales de 2016 no me quedé sentado en mi casa a esperar a que los medios me pidieran mi opinión sobre los candidatos; le escribí una carta abierta a mi padre, que titulé "Querido papá, por favor no votes por Donald Trump". Resultó que el equipo de campaña de Trump logró que un medio informativo se *negara* a publicarla, lo que provocó una controversia mediática. Al final, más de un millón de personas leyeron esa carta y yo recibí correos de varios individuos influyentes que no sabía que leían mis textos. ¿Lo mejor de todo? Que la National Public Radio (NPR) me llamó también, con la carta en mano, a pesar de haber ignorado mi libro más reciente; de repente estaba muy interesada.

No he referido todos esos ejemplos para jactarme, sino para animarte y acallar tus posibles temores. No te dejes intimidar por la enorme máquina mediática; puedes hacer que trabaje para ti. Tampoco temas incomodar a la gente. Yo he hecho enojar a muchas personas al paso de los años; lo he soportado todo y no es tan malo como parece. Hasta puede ser divertido, siempre que lo que hagas sea congruente con los principios de tu proyecto. Así que arma un alboroto, haz ruido. Dada la línea cronológica que consideramos aquí —años y años de relevancia—, nadie recordará al final haberse "ofendido" por algo; el mundo sólo recordará haberse enterado de eso.

Que la prensa que consigas para lanzar tu trabajo impulse sensiblemente tus ventas es otro asunto. Lo hará en ocasiones, no frecuentemente, al menos no por sí sola. Los éxitos de prensa suelen ser inútiles en sí mismos; pueden ser valiosos como parte de una campaña mayor. Aun así, ése no es nunca el propósito de tener prensa; la verdadera meta es establecer una presencia o aumentar una reputación y un perfil. La atención pública sirve para atravesar temporalmente el ruido —así sea por un solo ciclo noticioso— y contribuir a la recomendación verbal que un producto necesita para triunfar a largo plazo.

EL ARTE DE LA APROPIACIÓN INFORMATIVA:
LOGRAR QUE TODO TRATE DE TI

¿Qué puedes hacer si no se te ocurre ningún ardid publicitario por explotar? Existe otra forma de atraer a los medios, la técnica de la "apropiación informativa" que popularizó el mercadólogo David Meerman Scott. Éste define ese concepto como "el proceso por el cual inyectas tus ideas u opiniones en noticias de candente actualidad, en tiempo real, para generar cobertura informativa para ti o tu negocio".

Desde mi punto de vista, el elemento de noticias de candente actualidad es relevante, pero no indispensable; las tendencias y los temas populares son también poderosas fuerzas por capitalizar. Una definición más amplia de "apropiación informativa" sería entonces que cuando la gente y los medios hablen de cierto tema, tú te metas en la conversación para relacionar lo que haces con aquello de lo que hablan.

Un ejemplo ingenioso: en su carácter de innovación, los drones se convirtieron pronto en una tendencia mediática masiva; en las salas de redacción, los artículos sobre ellos eran oro puro. Amazon tuvo eso en mente cuando, en vísperas del Cyber Monday —uno de los días más importantes del año para realizar compras en línea—, produjo un comercial en el que su sistema de reparto con drones dejaba paquetes en las puertas de un sinnúmero de hogares. La cuestión es que ese sistema no existía entonces *ni existe ahora*, aunque esto no importa; Amazon se apropió de esa noticia en su beneficio. Todos los demás la siguieron —aun *60 Minutes*, que estrenó ese comercial—, porque lo hizo asombrosamente bien.

No todo intento de apropiación informativa tiene que ser de gran escala. Una de las cosas que hicimos cuando James Altucher lanzó *Choose Yourself* fue anunciar que aceptaba pagos en Bitcoin. Él fue uno de los primeros en hacerlo y consiguió prensa porque los medios y el público estaban a la caza de cualquier noticia sobre Bitcoin.*

50 Cent hizo lo mismo más tarde con uno de sus álbumes; ambos recibieron atención de los medios, sobre todo de los que normalmente no se ocupan de los libros ni el rap.

---

* Aunque sólo diez lectores usaron ese servicio, Altucher logró que CNBC lo entrevistara sobre ese tema *y* el de su libro, lo que generó sin duda muchas más ventas.

Robert Greene y yo fuimos los primeros en introducir fragmentos de nuestros libros en Rap Genius, sitio controversial que era una popular fuente de información de muchos blogs. Pese a que en su momento esto resultó en muy poca prensa, ese sitio creció luego hasta cambiar su nombre por el de Genius.com y atraer a millones de visitantes. Cuando un par de años después un sitio de la industria editorial dirigido por *Adweek* informó erróneamente que otro escritor fue el primero en publicar un fragmento ahí, un rápido correo al reportero sirvió de excusa para que se nos mencionara otra vez: apropiación informativa de nuevo.

Otro buen ejemplo: Google inserta a diario en su página una nueva imagen, inspirada en un hecho, festividad o famoso de actualidad; algunas de ellas son más populares que otras, pero casi todas consiguen atención mediática por su relación con el diálogo que un grupo sostiene en ese momento. Google se apropia así del cumpleaños de Nelson Mandela, el aniversario del lanzamiento del primer hombre al espacio o el día de san Patricio. La consecuencia es una fácil, clara y radiante atención mediática, valiosa incluso para una marca multimillonaria. Esto demuestra asimismo que *siempre* hay algo de lo cual apropiarse, sin importar quién seas ni lo que hagas.

Jane Friedman, fundadora de Open Road, me contó que a su equipo de mercadotecnia le agrada utilizar los "meses". Si tienen una novela clásica sobre la depresión, aprovechan el mes de la depresión para obtener cobertura; si tienen las memorias de un líder de los derechos civiles, su mercadotecnia entra en acción durante el mes de la historia de los negros y así sucesivamente.* Quizás el cliente promedio no sepa qué es el Día Internacional de la Mujer, pero éste es un buen gancho para un proyecto dirigido a las madres en CNN. Lo mismo puede decirse del Día Nacional del Burrito, el Día Nacional del Lápiz Labial, el Día Pi (3/14), el Día Internacional del Café, el cumpleaños de Abraham Lincoln, el aniversario de la invención de la bicicleta y todos los demás días "importantes" que se te ocurran.

Fundamentalmente, la apropiación informativa les da a los medios y los clientes algo de lo cual agarrarse. "Me enteré de _____; indagaré otro

---

* Tras la popularidad de la serie de videos "Los tuits más crueles", Open Road se apropió de la idea e hizo una parodia, "Las reseñas más crueles", en la que sus autores leyeron algunas de las críticas más severas que habían recibido en línea.

asunto asociado *con* eso". Cuando una obra de arte es inspirada por algo o alguien, se relaciona con otra o responde a algo que los medios informativos ya cubrieron, esto les da un pretexto para volver a cubrirlo; les permite hablar de algo inusual o diferente de lo que acostumbran a ver cada día. Cuando un cliente ve en las noticias un segmento relacionado con tu proyecto, tras haber sido bombardeado todo el día con mensajes acerca de ese tema, es más probable que se arriesgue a conocer lo que haces.

EL ARTE DE LOS MEDIOS PAGADOS

Los "expertos" en mercadotecnia llaman "medios ganados" a los ardides publicitarios y la apropiación informativa porque no son pagados sino que se generan a la antigua: rompiéndote la espalda para que ocurran. A los otros medios —publicidad, patrocinios, respaldos— se les llama "medios pagados" porque tú los costeas.

Los medios pagados no son posibles para todos los proyectos, por varias razones. La más común es que no siempre tenemos dinero, y si sucede que disponemos de un presupuesto de publicidad, es común que lo creamos demasiado reducido. La publicidad parece natural: tenemos esta maravilla que nos afanamos en producir; sin duda que pagar para ponerla frente a la gente contribuirá a que se venda.

Pero ¿esa lógica es válida?

Para comenzar, algunos de los productos más exitosos de todos los tiempos casi no precisaron de publicidad ni de promoción pagada en las tiendas. Su éxito fue espontáneo y se derivó de la recomendación verbal, que son cosas gratuitas. Segundo, ¿de veras podrías decir que compraste alguno de tus productos favoritos *por* su publicidad? De ser así, permíteme que te pregunte: ¿*descubriste* ese producto a través de un anuncio o éste fue sólo un recordatorio de algo que estabas seguro de que te gustaba o necesitabas?

Pese a que he comprado mucha publicidad al paso de los años (a nombre de mis clientes y con valor de por lo menos 20 millones de dólares), como herramienta para el *lanzamiento* de un producto no da resultado casi nunca. Es mucho más efectiva cuando ya existe un público considerable o un historial de ventas.

El extraordinario Maxwell Perkins —editor de F. Scott Fitzgerald y Ernest Hemingway, entre otros— sostuvo en una ocasión un revelador intercambio con un autor suyo. Éste se quejó de que uno de sus libros no tenía suficiente apoyo publicitario; la respuesta de Perkins —quien tenía entonces más de ochenta años de edad— es relevante todavía para cualquier creativo. Tras comparar la publicidad de un producto con un hombre que intenta mover un automóvil, escribió:

> Si consigue moverlo, cuanto más lo empuje, más rápido y fácil avanzará; pero si no lo consigue, podría empujarlo hasta caer muerto y el auto no se moverá un ápice.*

Lo mismo vale para la promoción pagada en las tiendas. En el comercio minorista esto se llama "cooperación" y consiste en que las empresas paguen por tener un mejor lugar en las estanterías: la mesa del frente en la librería Barnes and Noble, un exhibidor especial en Walmart, la "presentación" o asociación con productos de gran venta en Amazon, la persona que obsequia muestras o hace una demostración en Costco. Aunque es indudable que esas cosas atraen la mirada y no *perjudican* a las ventas, lo cierto es que muy rara vez contribuyen al *lanzamiento* de un producto o a un aumento en su venta, a menos que ya exista una base sustancial de conocimiento o interés.

En un artículo sobre la forma en que las editoriales crean best sellers, aparecido en *The New York Times* en 1985, se describió un fenómeno similar. "Si un libro es un fiasco, afirman los editores, ni siquiera una fortuna podría favorecer su venta". Refería a continuación el caso ilustrativo de un hombre de negocios que gastó 2 millones de dólares de su bolsillo para promover su libro sobre una supuesta sustancia medicinal de avanzada llamada fenitoína. Más de treinta años después de publicado ese volumen, tiene once reseñas en Amazon y la extraña campaña de su autor se ha

---

* Entre el escritor H. L. Mencken y su editor se dio igualmente un intercambio sobre publicidad; Mencken lo presionaba para que incluyera en su propaganda cifras de ventas en lugar de elogios y dio así en el clavo de cómo opera la mercadotecnia en ese proceso: "Los estadunidenses quieren hacer siempre lo que los demás; si damos la impresión de que el libro es un éxito, ayudaremos a que lo sea".

olvidado casi por completo. Aparte de lo que gastó en la obra, aquél destinó 70 millones de dólares a promover la fenitoína como tratamiento para la depresión, algo que, sobra decir, no prosperó. A pesar de que la publicidad puede añadir leña al fuego, es raro que pueda provocarlo.

Una campaña publicitaria racional y eficiente implica dos aspectos clave: saber cuánto vale un cliente para ti (o su valor de por vida) y cuánto costará adquirirlo por medio de la publicidad que piensas emplear (costo de adquisición). Cuando el ego se saca de la ecuación —"Me gusta verme cada mañana en el anuncio espectacular camino a la oficina"—, lo que resta saber es si las matemáticas surten efecto. "¿Este anuncio en Facebook eleva las ventas en forma notoria?" "¿Sabemos si ese comercial de televisión estimula las ventas y el valor de éstas?" "¿Cuántos anuncios podremos publicar hasta que veamos rendimientos crecientes?"

El otro motivo de que la publicidad no sea una opción para muchos proyectos es que los datos requeridos para contestar las preguntas previas no suelen estar a nuestra disposición cuando lanzamos algo. No obstante, yo he visto una y otra vez a clientes que intentan expandir su proyecto de ese modo, quizá debido a que esto parece más fácil que el bloqueo y enfrentamiento analizados en este libro o a que quieren sumergirse en una campaña publicitaria emocionante, atrevida y *costosa*, en vez de comenzar con una prueba pequeña para ver si funciona.

Entre tanto, hay miles de cosas sencillas que esos individuos no hacen o no quieren hacer y que darían resultados inmediatos. Tomar tiempo de tu trabajo o contratar a una niñera para que puedas escribir cincuenta correos personalizados es difícil y poco atractivo; pagar un boleto de avión y un hotel para dar una plática a los miembros de una asociación no lucrativa te quitaría tiempo y recursos en abundancia; unirte a un grupo o causa para entablar relaciones que después puedas aprovechar también es arduo, poco atractivo y difícil de cuantificar. ¿Gastar mucho dinero en muestras de regalo a audiencias selectas?; es complicado y parece comprensiblemente lo *contrario* a vender. Trabajar en el mejoramiento de tu producto hasta que clame "¡Compárteme con tus conocidos!" es menos arduo que adquirir un anuncio de contraportada que todos (los que aún leen periódicos) verán.

La mayoría desea nada más desprender un cheque y terminar con eso; quiere ver en letras de imprenta los resultados de su promoción la misma mañana del lanzamiento. Yo también he sentido esos impulsos —pagar a los medios siempre parece más fácil que ganarlos—, pero vale la pena. Ahorra tu dinero.

Ian Fleming, creador de la franquicia de James Bond y dueño de un fino olfato comercial, aconsejó a su editorial que publicitara sus libros una vez que se vendieran bien y no sólo ofreció compartir los costos (sesenta libras por cada ciento cuarenta que invirtiera el editor), sino que aportó incluso sus propios textos propagandísticos:

> Ian Fleming ha escrito cuatro libros en cuatro años. De ellos se han vendido más de un millón de ejemplares en lengua inglesa. Se han traducido a doce idiomas, como el chino y el urdu.
>
> El número 5 se titula *De Rusia con amor*.

Hace que quieras comprarlo, ¿no?

La Koss Corporation fabrica desde 1958 equipo de audio y audífonos de alta calidad en Milwaukee, Wisconsin. En 1972 pagó un anuncio espectacular ubicado en la autopista en la salida que conduce a sus oficinas, en el extremo norte de esa ciudad. Desde entonces, todos los días ha habido un anuncio de Koss en ese lugar, durante cuarenta y cinco años. El principal objetivo de la compañía no es que los clientes se salgan de la autopista para ir a comprar un par de audífonos. Como dijo su coordinador de relaciones públicas a un reportero local en 2010: "Aunque vendemos productos en este lugar [...]es un agradable recordatorio de que nuestra sede está aquí". Es un mensaje para la comunidad y el estado de que, a diferencia de otras compañías electrónicas, ésta no ha trasladado sus operaciones a países del tercer mundo para ahorrar dinero. Hay también un motivo de que esos anuncios nunca incluyan precios: ése no es su propósito.

Haríamos bien en poseer conciencia y disciplina para que optemos por la publicidad hasta que contemos con la materia necesaria para lanzar una campaña tan persuasiva como ésa. Es preferible colocar el dinero reservado para publicidad en otro apartado de mercadotecnia. Cuando el producto genere ingresos con los que pueda financiar sus propios anuncios, será entonces cuando éstos tengan sentido.

La única publicidad que mi editorial llevó a cabo para *The Obstacle Is the Way* —el cual se acerca ya a los 400 mil ejemplares vendidos— fue apoyar el artículo de *Sports Illustrated*, que demostró la popularidad de ese título en el ámbito deportivo. Tomamos esa espléndida pieza de relaciones públicas y nos encargamos de que miles de personas más lo leyeran, mediante anuncios patrocinados en Facebook y otras plataformas. E hicimos eso sólo cuando confirmamos que el artículo convertía a esos lectores en compradores. La efectividad fue nuestro indicador, no la existencia.

Sin embargo, podría ser que tengas algo de dinero para gastar, en cuyo caso he aquí una idea descabellada: forma con él una pila gigantesca y quémalo, y luego sube el video a internet. Titúlalo "Esto fue lo que hicimos con nuestro presupuesto de publicidad" o dona ese dinero a un orfanatorio y rastrea en tu sitio web por una década el impacto de tu donativo, para ver cuánta atención atrae. Cuando haces algo inesperado o sorprendente, casi siempre es mejor que lo que hacen los anunciantes, quienes gastan millones al año como si nada (porque, en efecto, para ellos no *es* nada; no gastan su propio dinero, sino el tuyo).

Existe una modalidad de publicidad no debidamente apreciada que es de mi agrado cuando se tiene un presupuesto restringido y se desea afirmar algo; es la que se hace sólo para conseguir atención y notoriedad, no para convertirla directamente en ventas (*¡Compra esto ahora!*). El Viernes Negro de 2011, Patagonia, compañía fabricante de ropa casual, lanzó su iniciativa "Hilos comunes" con un anuncio de una plana en *The New York Times* que decía: "No compres esta chamarra". ¿Qué crees que buscaba con eso? Es obvio que no quería vender chamarras en uno de los fines de semana de compras más movidos del año; intentaba destacar la calidad y durabilidad de sus productos y mostrar que no era un consorcio de moda pasajera deseoso de vender en cada temporada nuevos productos —y más chamarras— en perjuicio del medio ambiente. No obstante, como se dijo en 2015 en un artículo de *The New Yorker* sobre la "estrategia anticrecimiento" de esa compañía, "'No compres esta chamarra' se tradujo para muchos en 'Compra esta chamarra' durante 2012".

La publicidad creativa es quizás el sector publicitario menos competitivo, porque la mayoría de las marcas no son creativas o temen serlo. Tener un espectacular en *Times Square* con la portada de tu libro podría hacer que te sientas muy bien, pero no movería la aguja.

Tengo una pequeña experiencia personal a este respecto: luego de entrevistar a NASDAQ en 2016, la portada de mi libro *El ego es el enemigo* apareció unos minutos en su espectacular de seis pisos en Times Square

como muestra de gratitud. Pese a que conservo una maravillosa fotografía
de ese momento —que mis padres calificaron de imponente—, ¿sabes qué
vi cuando examiné a quienes me rodeaban? *Una completa y absoluta in-
diferencia*. Aunque había miles de personas ahí, no vi que ninguna de ellas
volteara. Cuando el anuncio desapareció, sólo quedó mi efímero recuerdo
y una foto magnífica en Facebook. Por supuesto que no percibí ningún incremento en las ventas.

También la apropiación informativa y la publicidad pueden entrecru-
zarse. Un día, en American Apparel nos enteramos de que un estudian-
te universitario de Wisconsin había sido agredido mientras llevaba puesta
una camiseta nuestra con la leyenda "Legalize Gay". Entramos en acción,
compramos la contraportada de la revista escolar y publicamos ahí un gran
anuncio de "Legalize Gay" en el que condenamos el ataque y apoyamos a
los estudiantes, a los que ofrecimos playeras gratis, canjeables en el centro
LGBT del campus. Esta publicidad atrajo atención, fue una vía para obsequiar
un producto especial a futuros clientes *y* era además lo correcto.

Si yo gastara mi dinero en un anuncio panorámico —de mi despacho
de mercadotecnia, por ejemplo—, no hipotecaría mi casa para pagar lo que
cuesta anunciarme en Times Square. Compraría más bien un modesto espectacular en la ciudad donde crecí que dijera: "Queridos maestros de la
Granite Bay High School, gracias por no creer en mí; mírenme ahora". Cosas como ésta son las que la prensa local cubre, llegan a internet y se convierten en un rumor, sobre todo si un "ciudadano preocupado" —*ya sabes
quién*— tomó una foto y se la envió a un puñado de medios el día en que
apareció el anuncio. Te sorprendería lo lejos que "un ciudadano preocupado" puede llegar poniendo sobre aviso a un periódico local acerca de
"un panorámico extravagante y ofensivo que hizo llorar a mi hija".* Ésta no
pasa de ser una idea; la verdad es que no he tenido que practicarla, ¡aunque podría!

Otro ejemplo reciente de nuestro amigo Paulo Coelho: con la ayuda de
su editorial brasileña publicó una serie de anuncios impresos en exteriores

---

* Neil Strauss y yo ideamos un anuncio cuando escribió un libro en el que desmentía en
cierto modo su fama de mujeriego y calculador. En un espectacular enorme en Sunset
Boulevard, justo frente al edificio de CNN, manifestó: "ME DISCULPO EN NOMBRE DE TO-
DOS LOS HOMBRES".

que contenían el texto íntegro de su famosa novela *El alquimista*. Es un inmenso manchón tipográfico en 4.1 puntos que básicamente no se puede leer, pero que no por eso deja de ser una jugada audaz e inteligente. Esa fulgurante promoción dice en parte: "Gracias a los 70 millones de personas que leyeron el libro. Si no eres una de ellas, lee este anuncio". El resultado fue una cobertura inmediata en publicaciones como *Adweek* y, desde luego, mucho amor en las redes sociales.

Aun si esos anuncios no rinden al instante fuertes ventas, cuando menos son divertidos o significan algo. Y ésta es una norma útil para la buena publicidad: ¿se trata de tu ego o de hacer algo valioso? Lo cierto es que, a largo plazo, el humor y la ligereza bien pueden hacer más por tu marca que la pretensión de vencer a todos con un texto publicitario fulminante. Así que si te vas a publicitar —si has resuelto que es más atinado gastar un dólar en eso que en cualquier otra cosa—, asegúrate al menos de pasarla bien y de procurarle lo mismo a tu público.

UNA ÚLTIMA COSA

Cuando llegaste a esta sección quizás esperabas encontrar un truco especial o una receta secreta para comercializar tus proyectos. No digo que no haya trucos, pero son menos importantes de lo que crees.

He dejado fuera descripciones de cómo optimizar tu trato con las diversas plataformas de redes sociales por una razón. Mientras daba los toques finales a este libro, Instagram lanzó su función "Historias" como un ataque directo al crecimiento vertiginoso de su más reciente rival, Snapchat.* Imagina si yo hubiera dedicado una sección completa a tácticas específicas para una de esas plataformas y que otra ganara la carrera por el dominio de fotos y videos compartidos. Las plataformas van y vienen como el viento; siempre es preferible concentrarse en el panorama general, las cosas que no cambian.

Un diálogo fabuloso que implica al filósofo Epicteto resume mi manera de ver la mercadotecnia. "¡Dime qué hago!", exclama el discípulo y

---

* Después de que escribí esto, Snapchat cambió su nombre a Snap; querer estar siempre "al día" es una carrera absurda.

Epicteto lo corrige: "Sería mejor que dijeras: 'Haz que mi mente se adapte a cualquier circunstancia'". Esto se aplica a la mercadotecnia tanto como a la vida; los principios son mejores que las instrucciones y los "trucos". Podemos resolver los detalles más adelante, aunque sólo si aprendemos a abordarlos correctamente.

Cuando se trata de crear un producto de venta duradera, el principio que nunca debe perderse de vista es simple: genera recomendaciones verbales. ¿El comercializador de una película que tiene que empezar fuerte en la taquilla en su primer fin de semana o el de modas que debe vender lo "que está en tendencia" para la temporada de otoño? Ambos precisan de despliegue publicitario, deben gastar. ¿El que intenta vender imitaciones o productos de mala muerte? Él puede confiar en tácticas de ventas improvisadas.

Un producto duradero requiere una mercadotecnia duradera. Sí, queremos empezar fuerte, pero estamos obligados a mantenernos fuertes. Así, nuestra labor debe ser eficaz. No podemos depender de una bala plateada; necesitamos una reserva de balas de plomo. Por eso, si debes elegir entre gastar en un publicista o comprar tus productos y regalarlos a primeros usuarios selectos, inclínate siempre por esta última opción. Una es una ruta directa a la recomendación de boca en boca; la otra es una fuga de recursos y depende de que estés en el lugar indicado, el momento correcto y el ciclo informativo preciso.

Al final, el modelo *freemium*, los ardides publicitarios más locos, la apropiación informativa y la provocación son sólo herramientas. Aunque sé por experiencia que esas estrategias son herramientas muy efectivas, quizá tu proyecto no las necesite. Tal vez sea ya tan brillante y oportuno que los medios irán a ti sin esfuerzo y la prensa será complaciente y sistemática; quizá las personas influyentes te adopten sin que debas poner nada de tu parte. Puede ser que ninguna de estas cosas surta efecto en un principio, pero después de un par de inicios e interrupciones lo hará.

La mejor estrategia es probarlo todo y ver qué sirve para tu proyecto, porque esto será diferente para cada uno. Cuando encuentres algo útil, no lo sueltes. La mercadotecnia es el arte de asignar recursos: dirigir más potencia a las ruedas con tracción, quitársela a las que nada más giran e invertir en cada estrategia hasta que deje de dar resultado. ¡Entonces deberás buscar una nueva!

PARTE IV

PLATAFORMA

De los fans a los amigos y a una carrera cabal

Había obtenido el que, en mi opinión, es el mayor éxito que un escritor puede alcanzar: seguidores leales, un estable grupo de lectores que esperaban con ansia cada nuevo libro mío y lo compraban, que confiaban en mí y cuya confianza no podía traicionar.

STEFAN ZWEIG

En un momento determinado de todo proyecto, nuestros esfuerzos de mercadotecnia y promoción llegan a un punto de rendimientos decrecientes; las ventas se reducen, la novedad pasa y, si no hemos hecho bien nuestro trabajo, la recomendación verbal parece operar con igual eficacia sin el apoyo de la mercadotecnia que con él. Sin duda, siendo tú el creador, podrías continuar promoviendo tu obra, pero ¿sería ésa la mejor manera de usar tu tiempo? Es justo en ese instante cuando debemos distanciarnos de la labor en que hemos puesto todo lo que tenemos y concentrarnos en dos nuevas prioridades: nosotros y nuestra *obra siguiente*.

Convertirse en un vendedor duradero requiere algo más que sólo lanzar un proyecto al mundo: desarrollar una *carrera*. Esto significa crear una base de aficionados antes y después de un proyecto y concebir la venta de algo en forma diferente a la mayoría.

Mi inspiración para publicar no fueron los libros que encabezaban las listas de los más vendidos ni los raperos que ostentaban cadenas al cuello y lujosos automóviles. Fue una banda de los años ochenta que algunos han olvidado. Me refiero a la legendaria banda de heavy metal Iron Maiden.

Desde 1975 —¡es decir, desde hace más de *cuarenta* años, más los que sigan!—, Iron Maiden ha desafiado todos los estereotipos, todas las tendencias y toda la ortodoxia no sólo de su género musical, sino también de la industria de la música.

Mira nada más su lista de logros:

- 16 álbumes de estudio
- 11 álbumes en vivo
- 24 giras mundiales
- 2 mil conciertos en 59 países
- Más de 90 millones de álbumes vendidos
- 5 álbumes número uno
- 42 sencillos
- 15 millones de seguidores en las redes sociales
- Más de 200 millones de vistas en YouTube

Este grupo actuó ante 250 mil espectadores como la banda principal del festival de rock de Río de Janeiro *veintiséis años después de su surgimiento*. Vende su propia marca de cerveza, es uno de los espectáculos más rentables del mundo y ha viajado de un estadio con localidades agotadas a otro en un Boeing 757 *piloteado por su vocalista*, en compañía a menudo de algunos de sus fans y su equipo técnico. ¿Acaso no es éste un modelo a seguir para cualquier aspirante a convertir su proyecto en uno duradero?

Lo que más impresiona de Iron Maiden es *cómo* logró todo eso. No sucedió por casualidad; no fue resultado de un álbum muy exitoso o un sencillo fenomenal. Esta banda sonaba *apenas* en la radio y no lo ha hecho durante décadas. Toca canciones que duran diez minutos y se basan en novelas de ciencia ficción y personajes históricos como Genghis Khan y Alejandro Magno. Cuenta con *tres* guitarristas, cada uno tiene un solo en cada canción. Y hasta su nombre, Iron Maiden (Dama de Hierro), proviene de un instrumento de tortura medieval, ¡por favor!

Fueron necesarias varias décadas de trabajo para que Iron Maiden llegara a las alturas en las que se encuentra actualmente. Eso implicó no sólo pensar en la creación de un producto de venta duradera, sino también aplicar esa mentalidad a todo lo que los integrantes del grupo hacían. Lo que más me inspira es que pese a que una enorme porción de la población no tiene idea de que esta banda existe aún —o que gran parte de una generación no haya oído hablar de ella jamás—, a sus miembros eso les tiene absolutamente sin cuidado. Les importan sus fans y nada más. Ellos son las únicas personas a las que se dirigen, las personas que componen aquello de lo que hablaremos en este capítulo: *su plataforma*.

Mientras que otras bandas dependieron de la radio, su presencia en MTV, ser oportunas o estar a la moda, ésta se concentró en una sola cosa: formar un ejército global e intergeneracional de leales fans que adquieren todos sus sencillos. Otras agrupaciones dependen de la promoción —relaciones públicas, publicidad, distribución, colaboración con otros artistas y videos musicales de alto presupuesto— para seguir siendo relevantes y llegar al público, en tanto que Iron Maiden cultivó una relación íntima y directa con sus fans que le permite prescindir de esos artilugios. El resultado es que goza de una *popularidad sin comparación.*

Confieso un pequeño sesgo aquí: he sido fanático de esta banda desde que pirateé (por accidente) una de sus canciones en 2001.* Desde entonces la he visto en vivo tres veces; comprado un sinnúmero de sus álbumes, algunos de sus discos, un DVD en vivo, tres camisetas y dos hebillas; visto un documental suyo, y Dios sabe cuántas cosas más.

Hay una teoría de Kevin Kelly, fundador de la revista *Wired*, que él llama "los mil verdaderos fans": "Un creador, sea artista, músico, fotógrafo, artesano, actor, animador, diseñador, videoasta o escritor; en otras palabras, cualquier persona que produce obras de arte necesita sólo mil verdaderos fans para ganarse la vida".

Con mil verdaderos aficionados —personas "que comprarán todas y cada una de las cosas que produzcas"— tienes más o menos garantizado un ingreso suficiente para vivir, siempre que no dejes de producir grandes obras. Es un pequeño imperio y requiere mucho mantenimiento, pero de cualquier forma es un imperio.

Iron Maiden es esa idea a gran escala. Sus fanáticos compran en esencia todo lo que ella hace, lo cual la ha convertido en una fuerza perpetua en la industria de la música. Esto le ha permitido soportar modas, cambios

---

* Quería bajar una canción de Metallica pero terminé bajando "Hallowed Be Thy Name" de Iron Maiden y caí atrapado al instante (¿recuerdas lo que dije antes acerca de que ofrecer gratis algo es una herramienta publicitaria muy eficaz?).

tecnológicos y el hecho de que su música no haya sido convencional en ningún momento. Como tiene mucho más de mil fans, vive el sueño del artista *multiplicado por mil*. Hay incluso una frase con la que sus aficionados se reconocen unos a otros: "Up the Irons!" Cierta vez fui invitado a una cena privada (para la que, triste y vergonzosamente, no estaba del todo calificado) y por algún motivo salió a colación que Iron Maiden era mi banda favorita. El ciclista Lance Armstrong, también presente, me oyó por casualidad y me dijo en voz baja que él también era un fanático incorregible, que creció escuchando a esta banda y que la había visto en conciertos unas seis veces. Si yo hubiera exclamado "Up the Irons!", él me habría entendido a la perfección.

Esa increíble vinculación y plataforma ha representado para Iron Maiden no sólo el éxito financiero, sino también que ellos puedan dirigir su carrera, producir su obra a su modo y hablar directamente con el público, sin la interferencia de intrusos ni intermediarios. Aun si el heavy metal hubiera sido ilegal, eso no habría obstruido la carrera de esta agrupación.

La pregunta es entonces: ¿cómo podemos acumular un público leal? ¿Qué debemos hacer para comunicarnos con esa base de aficionados y desarrollar el arte requerido para mantenerla a lo largo de una carrera de ventas duraderas?

¿QUÉ ES UNA PLATAFORMA?

Michael Hyatt, exdirector general de Thomas Nelson Publishers, escribió: "En los viejos tiempos podías pararte sobre una colina o un estrado de madera para ser oído. Ésa era tu plataforma". En sentido literal, una plataforma es eso: el instrumento que empleas para que tú y tu mensaje lleguen a la gente. Hoy, una "plataforma" se concibe un poco diferente. Muchos la ven como cuántos seguidores tienes en las redes sociales, o como el rating de un programa de televisión; yo diría que esta definición es casi igual de simplista.

Defino una plataforma como la combinación de herramientas, relaciones, audiencias y accesos a la que debes recurrir para divulgar tu trabajo creativo, no nada más en una sola ocasión sino a lo largo de una carrera. Así, una plataforma son tus redes sociales y el estrado en el que te paras, pero también incluye a tus amigos, tus obras, la comunidad en la que éstas son relevantes, los canales informativos y personas influyentes que aprecian lo que haces, tu lista de correos, la confianza que has generado, tus fuentes de ingresos y gran cantidad de recursos más. Una plataforma es lo que cultivas no sólo *a través de* tu trabajo creativo, sino también *para* él, sea cual sea.

Como ya mencioné, Winston Churchill fue un brillante orador y político que sobresalió justo en la plataforma a la que Michael Hyatt se refirió, aunque dispuso también de otra más amplia y moderna. La mayoría ignora que se ganaba la vida como escritor y que publicó cientos de obras y artículos. De hecho, fueron sus numerosos lectores en todo el mundo, a través de libros, columnas periodísticas y apariciones en la radio, quienes le permitieron sobrevivir a los periodos en que estuvo fuera de la vida pública (durante el lamentable lapso en que se le marginó de la vida política, entre 1933 y 1939, publicó once volúmenes y más de cuatrocientos artículos y pronunció más de trescientos cincuenta discursos). Un político común y corriente se habría mostrado inepto lejos de su cargo o marginado por sus enemigos políticos; Churchill no. Su inmensa plataforma —basada en sus contactos editoriales, su extraordinaria facilidad de palabra y su implacable energía— le permitió no sólo ser relevante, sino también guiar la política y la opinión pública en el mundo, dentro y fuera de su cargo oficial.

Stefan Zweig, cuya cita abrió este capítulo, fue uno de los novelistas más populares del mundo, en su momento. Como judío austriaco, se le echó de Europa por el ascenso de Hitler y se trasladó a Estados Unidos y más tarde a Brasil (donde por desgracia se suicidó). No obstante, ni siquiera esa malévola persecución y los intentos del nacionalsocialismo por quemar sus libros lograron su propósito; la obra de Zweig subsiste en la actualidad y sus dos últimos libros son vigorosas e inmemoriales denuncias del caos y el autoritarismo.

La aptitud para acceder y utilizar sus recursos —sean redes sociales o una lista de correos, una llamada telefónica a un aliado o simplemente un par de obras populares— es lo que hace que un artista triunfe a largo plazo. También es lo que permite que su obra resista incluso los más atroces intentos de censura u opresión. Una plataforma es lo que nos brinda la posibilidad de lanzar nuestra obra al mundo y de que ésta continúe su marcha una vez lanzada, para que pueda alcanzar la categoría de duradera; para que pueda sobrevivir en un mundo hostil y receptivo al mismo tiempo.

Como en todo lo relativo a este libro, la única persona que puede erigir esa plataforma eres tú. Sólo tú puedes desarrollar tu propio ejército de lo que Lady Gaga llama sus "pequeños monstruos", los fanáticos que están al pendiente de cada una de sus palabras.*

La mercadotecnia es mucho más sencilla cuando tienes aficionados y amigos con los que puedes contar. Ejecutar un nuevo proyecto es más fácil cuando tienes una relación directa y verdadera con el público y sabes lo que le gusta, quiere y necesita. La creación de un producto de venta duradera y la recomendación verbal es posible cuando tienes partidarios de alto nivel dispuestos a difundir lo que haces y a acercar a otras personas a tu obra. Disfrutar de una carrera de varias décadas —lo que la mayoría de nosotros deseamos— sólo es posible si hemos edificado una empresa sostenible y un flujo de ingresos que nos permita correr riesgos, invertir en nosotros y soportar las dificultades y cambios del mercado.

Por eso editoriales e inversionistas hacen crecientes preguntas sobre ese tema cuando consideran la opción de trabajar con un creador o emprendedor. Quieren saber esto: *¿Cuál es tu plataforma? ¿Cuál es tu público? ¿Cuál es tu plan a largo plazo?* Quieren estar seguros de que un creador o emprendedor es capaz de llevar su idea al mundo; de que, en efecto, hay personas interesadas en conocerla. Esos creadores representan apuestas mucho más seguras que soberanos desconocidos, por brillantes que sean.

Casi todas las industrias enfrentan esa misma realidad y por eso debes someterte a este escrutinio: "¿Tengo el alcance necesario para lograrlo? ¿Mi plataforma es lo bastante grande? ¿Qué inversiones puedo hacer ahora para prolongar mi carrera por medio del afianzamiento de mi público y mi base de seguidores?" Vendas lo que vendas, una plataforma es un recurso invaluable.

POR QUÉ NECESITAS UNA PLATAFORMA

Todos quieren una plataforma cuando la necesitan. La gente quiere disponer de una lista inmensa, sólo que se resiste a colocar cimientos. Cree tener

---

* Uno de los mejores libros sobre plataformas es *Monster Loyalty: How Lady Gaga Turns Followers into Fanatics*, de Jackie Huba; no dejes de darle un vistazo.

derecho a una amplia plataforma gracias a su enorme inteligencia y talento, o que como tuvo éxito en el pasado, el mundo va a hacer cola para comprar lo que hace. Lo siento; las cosas no funcionan así.

Esto se ve mucho en las películas. Hollywood supone que poner a un
famoso en un filme hará de éste un éxito, pero fama y plataforma no son lo
mismo. *Star Wars* tiene una plataforma de fanáticos; la comedia romántica
promedio no, ni la tendrá jamás. Arnold Schwarzenegger tiene una plataforma que ha forjado minuciosamente al paso de los años y que le ha permitido conquistar Hollywood, el gobierno y ahora las redes sociales. Entre
tanto, otros actores famosos, como Charlie Sheen o Katherine Heigl, no
pueden hacer nada semejante, por conocidos que sean.

Casey Neistat fue alguna vez un promisorio cineasta considerado el nuevo director independiente: había creado un exitoso programa para HBO,
presentado una película en el festival de Sundance y estrenado dos cintas
en Cannes, todo lo cual dejó atrás para distribuir su trabajo en YouTube.
¿Por qué? Porque el desgaste de hacer cosas, buscar financiamiento, nego-
ciar con agentes y esperar a que una distribuidora llevara su obra al público le resultó agotador. Es difícil ser artista cuando un intermediario decide
qué fragmentos de tu arte son dignos de tener espectadores.

En YouTube, en cambio, podía ofrecer sus videos directamente a sus
seguidores, conseguir suscriptores y llegar a la gente por medio de las redes sociales y el correo electrónico. En internet tiene una plataforma que
él posee y opera sin intermediarios. ¿Y sabes qué? Funciona a las mil maravillas. Durante más de un año, Neistat ofreció cada día un video a millones de suscriptores; sus videos diarios acumulaban miles de vistas apenas
horas después de ser subidos cada mañana. Ahí no existe ningún aparato
de promoción, él no tiene que presionar a un estudio para que le conceda
un presupuesto de mercadotecnia ni debe competir por la fecha de estreno
con los demás clientes de un distribuidor. Neistat es hoy uno de los directores más influyentes del planeta, pese a que la mayoría de quienes no son
aficionados suyos tendrían dificultades para reconocer su nombre.

Ésta es la más elevada —y, a largo plazo, redituable— especie de libertad artística. Neistat no tiene la esperanza de que YouTube le ayude a llegar a Hollywood; no lo necesita. Como señaló él mismo: "La plataforma no
es un escalón; es la línea de meta".

Ésa es una manera muy efectiva —y polémica— de pensar en tu trabajo.

Y la razón de que más personas no piensen de ese modo es que tienen miedo; temen forjarse un camino propio y no encontrar nada al final. Están tan conscientes de la vanidad y el prestigio que sus admiradores les confieren que se sienten a gusto en el sistema tradicional. Quieren la validez que supuestamente se deriva de cerrar un negocio o firmar un contrato con una institución establecida, trátese de una editorial, un estudio, una agencia, una galería o una compañía que figure en las listas Fortune 100. Muchos tememos, para tomar prestada la expresión de James Altucher, *optar por nosotros mismos.*

El gran estoico Marco Aurelio se instó en una ocasión a ser "un púgil, no un esgrimista". Un esgrimista, dijo, tiene que agacharse para levantar su arma. La de un púgil forma parte de él; "lo único que debe hacer es apretar el puño". En el desarrollo de una plataforma, esquivamos el aparato de promoción precisado en cada lanzamiento de reconstrucción y ensamble y decidimos vincularnos con una audiencia, volvernos uno con ella y con nuestra arma.

HAZ TU LISTA. HAZ TU LISTA. HAZ TU LISTA

Si pudiera darle un sólo consejo a un creativo en ciernes, sería éste: *Haz una lista.* Específicamente, una *lista de correos electrónicos.* ¿Por qué? Imagina que, por razones ajenas a ti, los medios y la industria ignoraran tu obra por completo; que debido a una controversia o cambio repentino en los gustos del público, quedaras reducido a *persona non grata*; que ninguna editorial, plataforma de financiamiento colectivo, comerciante, distribuidor o inversionista tocara lo que has hecho.

En condiciones normales —hasta hace poco tiempo, en verdad—, eso habría sido tu ruina; no podrías lanzar tu producto, hacer llegar tu mensaje al mundo. Todo estaría perdido.

Pero como ya dije, eso no sería la ruina de Iron Maiden. De hecho, la situación que describí fue su realidad por mucho tiempo; el grunge, el *indie* y el rap dejaron al heavy metal fuera de la cultura popular durante años. Por desgracia ésta es una situación demasiado problemática para muchos artistas; por no estar de moda, a causa de los vientos políticos, o porque alguien hizo algo malo, enfrentan de pronto la irrelevancia cultural.

La única forma de sobrevivir a una catástrofe así es la posibilidad de acudir directamente a tu gente. ¿Qué ocurriría si pudieras evitar a todos los intermediarios y comunicarte directamente con personas a las que sólo les preocupa una cosa: si quieren o no lo que tú vendes? Podrías seguir haciendo lo que haces.

Esa posibilidad existe. Se llama lista de correos,* y para iniciar una no es preciso que alguien te amenace con congelarte. En términos ideales, una lista de correos es algo que acumulas al paso de los años y que consta de verdaderos fans que te conocen bien y nunca te abandonarán, con la condición de que sigas siendo bueno en lo que haces. Al momento de escribir estas líneas, ésa es la forma más importante y efectiva de comunicarte con tu público y clientes potenciales. Esa lista es un recurso vital que te ayudará a prosperar en los buenos tiempos y a sobrevivir en los malos.

Hacer una lista de correos es para cualquier creador un paso a la autosuficiencia. Al establecer una línea de comunicación regular y directa con tus partidarios, evitas toda intermediación, lo cual es un recurso muy eficaz. Recuerda que en la sección dedicada a la mercadotecnia dijimos que tenías que hacer un inventario de todos tus recursos —las cosas que vaciaste en una hoja de cálculo. Tu lista de correos debería ser la primera entrada en esa hoja.

El comediante Kevin Hart experimentó varios fracasos al hilo y su carrera llegó a una encrucijada. Las películas que creía que harían de él una estrella no triunfaron; su contrato de televisión no dio tampoco los resultados esperados. Entonces hizo lo que mejor hacen los comediantes: seguir otro itinerario. Pero a diferencia de muchos comediantes de éxito, no fue nada más a las ciudades en las que podía vender casi todas las localidades, sino *a todos lados*, y a menudo se presentaba en pequeños centros nocturnos donde no tenía una amplia base de aficionados. En cada función, un asistente dejaba en todos los asientos de cada mesa tarjetas de presentación que decían: "Kevin Hart necesita saber quién eres", y que requerían la dirección electrónica del individuo. Al final del programa, su equipo recogía las tarjetas e introducía los nombres en una hoja de cálculo organizada por localidad. Hart recorrió así el país durante cuatro años, de lo que

* Hoy tal cosa se traduce en "lista de correos electrónicos" y ésa es la acepción con que la usaré aquí.

obtuvo una extensa base de datos de aficionados leales, a los que atraía en número creciente a cada función.

Cuando su fama se propagó, él empezó a aceptar apariciones en televisión para aumentar su plataforma. En 2011 condujo la ceremonia de los MTV Music Awards y, según sus cálculos, consiguió rápidamente más de 250 mil seguidores en Twitter. A través de las redes sociales y el correo, la obtención de un aficionado tras otro —luego de "años de mucho esforzarme y establecer contacto con mis aficionados a nivel personal", como lo explicó él mismo— produjo una plataforma de más de 50 millones de personas, con las que podía comunicarse con sólo presionar un botón.

Este recurso es tan inusual en Hollywood que causó controversia cuando Hart empezó a aprovecharlo. Las negociaciones entre sus representantes y Sony Pictures Studios —que se filtraron durante el célebre escándalo del hackeo de Sony— exhibieron su capacidad para exigir a ese estudio una remuneración más alta a cambio de promover en su plataforma una película en la cual el estudio *ya le había pagado* por participar. Esto enfureció a Sony, que creía tener derechos sobre lo que Hart había creado. Un ejecutivo lo llamó "prostituta" cuando la compañía productora de Hart les explicó que el acceso a ese público no era gratis. Como postearía Hart tiempo después, él no es una prostituta sino el dueño de una plataforma, el acceso a ella tiene un precio. "Trabajé mucho para llegar adonde estoy ahora", escribió; "me considero una marca, y por eso jamás permitiré que se abuse de mí".

La plataforma de Hart es un ejemplo importante porque se basa en esencia en direcciones de correo que su equipo y él recolectaron personalmente a lo largo de muchos años durante incontables apariciones en centros nocturnos. Aunque Hart tiene ya también millones de seguidores en las redes sociales, su lista de correos es lo primordial en Kevin Hart, Inc. Si su carrera cinematográfica sufriera un súbito descalabro, de todas formas le iría muy bien en sus giras, porque él sabe exactamente "quién eres" y en qué ciudad presentarse para que vayas a verlo.

Drew Curtis, quien creó Fark, popular colocador de noticias que está ya a su decimoséptimo año en operación (y que él dirige desde su casa, a las afueras de Kentucky), me contó algo muy parecido. "Lo único que garantiza tu longevidad en internet es mantener el control de tu canal de participación. Los medios predominantes aprenden, a la mala, lo que sucede cuando delegas la participación del público a motores de búsqueda o redes sociales. Por ejemplo, el diario de mi localidad es accesible sólo a través de Twitter; si éste decidiera cobrar el acceso a ese canal de participación, ese diario estaría frito".

Pese a que los indicadores de ocho y nueve dígitos de las redes sociales pueden ser de lo más seductores, hay que cuidarse de invertir en exceso en esas plataformas, porque van y vienen y escapan totalmente a nuestro control —pregúntales a quienes tenían muchos seguidores en Myspace. Sus políticas pueden cambiar; podrían ser adquiridas o quebrar; podrían cobrar de repente servicios que creías gratuitos. Al momento de evaluar las plataformas en la formación de nuestro público, el ya conocido efecto Lindy es un criterio que conviene aplicar; si algo tiene apenas un mes de existencia, la extrapolación de que durará *por lo menos un mes* más no es precisamente estimulante, dado lo ocupados que estamos y lo importante que es para nuestra carrera el éxito de nuestra creación. Entre tanto, el correo electrónico se acerca ya a su quinta década; en serio, *tiene casi cincuenta años de edad*.

Craigslist, una institución con dos décadas de antigüedad, empezó como una lista de correo que Craig Newmark usaba para alertar a otros habitantes de San Francisco sobre la disponibilidad de departamentos y la proximidad de eventos. Como él mismo me dijo: "Más allá del correo no deseado, el correo electrónico es quizá lo que la gente quiere ver y llega directo a su buzón, casi siempre una cómoda ventana; es muy universal". Ahora ya es más o menos eterno, y contribuyó a que Newmark levantara una multimillonaria compañía que ha sobrevivido a incontables competidores, tendencias y cambios.

Tal vez en el futuro el correo sea reemplazado como medio dominante por alguna tecnología mágica de comunicación telepática que hoy ni siquiera podemos prever. Pero así como el radio sobrevivió a la invención del cine, la televisión e internet, es probable que el correo electrónico subsista de algún modo. Por el momento es tu mejor apuesta, así que úsala.

¿Existen otros mecanismos valiosos? Por supuesto. Seth Godin dice que las plataformas (y por tanto las listas) se forman mediante "permisos", un vasto recipiente que lo incluiría todo, de Facebook a Twitter e [inserta aquí la plataforma popular del momento], básicamente cualquier cosa donde la gente decida saber de ti.

Esas listas determinan a quién podemos dirigirle algo, qué influencia podemos ejercer en un proyecto y el grado de atención que nos es posible suponer como base. Chris Lavergne, fundador de Thought Catalog, me hizo ver una vez la distinción entre "una voz en medio de mil millones de voces" y una "autoridad"; a una autoridad la respalda un proyecto, una lista y una plataforma.

Claro que las plataformas no surgen como por arte de magia, y las listas no se dan en maceta; hay que hacerlas.

CÓMO ATRAER SUSCRIPTORES

En 2008, me di cuenta de que aunque quería publicar un libro, no podría llamar la atención de los lectores a menos que las cosas cambiaran. Decidí hacer entonces una lista de correos. ¿Pero cómo? Yo no era tan importante o digno de interés como para que la gente quisiera suscribirse a esa lista con base en mi nombre, así que se me ocurrió una idea: hacer cada mes recomendaciones de libros (pensando que quizás un día recomendaría uno mío). Durante cuatro años, una vez al mes, envié esa lista, la cual pasó así de noventa suscriptores originales a 5 mil personas, a quienes anuncié la aparición de mi primer libro. Cuando dos años más tarde publiqué otro volumen, la lista era ya de más de 30 mil y hoy contiene 80 mil individuos.

Tras el exitoso lanzamiento de *Choose Yourself*, James Altucher adoptó por completo la autopublicación y lo que ésta implica. Creó un podcast que distribuye por medio de su lista de correos, y después un boletín de asesoría financiera; luego organizó un club de lectura exclusivo para miembros. Escribió varios libros más, los cuales vendió directamente a través de su página de internet, con lo que acumuló no sólo miles de direcciones electrónicas sino también listas físicas de correos e información de pagos para sus lectores. Todo esto integra ahora una plataforma enorme, que según las estimaciones del propio Altucher produce ingresos anuales superiores a los 20 millones de dólares.

Puedes hacer una lista sobre lo que sea. Muchas de ellas tienen que ver con quien las elabora, naturalmente; no hay razón de que te inscribas a la lista de Iron Maiden o de que trates a sus miembros en Facebook si esa banda no te gusta. A quienes se suscriben al canal de Casey Neistat en YouTube sólo les interesan sus videos; las personas que dan su dirección a Bed Bath & Beyond piden que se les manden cupones e información sobre nuevas promociones. Si quieres que la gente consuma tu trabajo y sepa qué harás después, debes lograr que se entere de eso lo más fácil y regularmente posible.

Una vez trabajé con un formidable escritor de no ficción cuyo libro es un indiscutible clásico del género, un producto de venta duradera con el que sueñan las editoriales; vendió más de un millón de ejemplares en una época en que casi todas las ventas se hacían en las librerías, no en línea, y en la que podía contarse con que una editorial se ocupara en parte de la mercadotecnia de un libro. Diez años después, él estaba listo para publicar su nuevo gran proyecto, pero no podía llegar a ninguno de sus lectores; no tenía presencia en las redes sociales, contactos en los medios ni una lista de correos. Disponía de millones de aficionados, a los que no podía identificar ni contactar; *carecía* de una plataforma.

Eso significaba que, como muchos otros artistas de éxito, tendría que empezar de cero: venderles a todos en lugar de localizar primero a las personas que habían comprado su libro anterior y, en consecuencia, generar una reacción rápida. Esto es imperdonable. ¿En nuestros días, las personas a las que les agrada lo que él escribe tienen que enterarse al azar de que ya publicó otro libro? Sin embargo, esto sucede demasiado.

Mi amigo Noah Kagan, el experto en mercadotecnia detrás de la compañía AppSumo, lo llama "mercadotecnia de amnesia": como te olvidas de tus clientes, debes buscarlos una y otra vez en cada proyecto. Hay un impulso común en quienes tienden a cometer ese error: pagarle a alguien para que elabore su lista. No agregues un error a otro; tu lista no puede ser responsabilidad ajena. Es imposible que compres suscriptores; ninguna lista se hace nada más con publicidad. Que rinda dividendos implicará mucho trabajo, a veces de varios años, pero valdrá la pena.

La mejor forma de crear una lista es proporcionarles grandes cantidades de valor. He aquí algunas estrategias que te ayudarán a hacer eso:

- Regala algo como incentivo (podría ser una guía, un artículo, un fragmento de tu libro, un cupón de descuento, etcétera).
- Crea una vía de acceso (antes había una herramienta en Facebook que permitía que los músicos regalaran una canción a cambio de un

"Me gusta" o "Comparte"; eso es una vía de acceso. BitTorrent hace lo mismo con sus Bundles; una parte del contenido es gratis y si quieres el resto tienes que dar una dirección de correo).

- Usa ventanas emergentes (mientras recorres un sitio y disfrutas de lo que ves, de pronto aparece una ventanita en la que se te pregunta si quieres suscribirte; yo incluyo mensajes como ése al final de todos mis libros).

- Haz cosas a mano (una vez vi que un escritor hacía circular un portapapeles y una hoja de inscripción al cabo de una charla; era una práctica anticuada pero funcionó. Al final de mis libros indico también a la gente que me escriba si quiere suscribirse, y la inscribo manualmente).

- Haz sorteos o concursos (¿a qué crees que se debe que el comedor junto a tu oficina dispone de un recipiente con tarjetas de presentación? Éstas contienen números telefónicos y direcciones electrónicas; el establecimiento regala un sándwich a la semana y consigue a cambio cientos de suscriptores).

- Haz un trueque (una persona con una lista recomienda a sus lectores que se inscriban en la tuya; tú les escribes a tus seguidores para que hagan lo mismo en la otra lista).

- Anuncia un servicio (esto es lo más simple e importante. ¿Qué hace tu lista por la gente? Ofrece algo por lo que valga la pena suscribirse y tendrás un éxito enorme).

Aunque varían en tamaño y calidad, todas las listas tienen algo en común: parten de cero. Pregunté a Kagan, quien ha conseguido múltiples actividades rentables a partir de sus listas, qué recomienda para atraer suscriptores. Para que consigas tus cien primeros suscriptores, él sugiere lo siguiente:

1. Pon un link en tu firma de correo. ¿Cuántos mensajes mandas al día?
2. Ve qué redes sociales te permiten exportar tus contactos y envíales una nota en la que les pidas que se sumen.
3. Publica una vez a la semana un texto en línea en el que solicites a tus amigos/familiares/compañeros de trabajo que se unan a tu lista de correos.
4. Pide a un grupo al que perteneces que se suscriba a tu boletín.
5. Elabora un formulario físico que puedas repartir en eventos.

Éste es un comienzo decente que requiere muy poco esfuerzo.

Ten por seguro que la lista que hagas será muy valiosa con el paso del tiempo. Yo he visto a clientes vender literalmente miles de dólares en productos en un solo día, a partir de un único correo; he visto a escritores vender cien o mil ejemplares; he visto despegar a nuevas empresas mientras sus competidores padecen aunque tenían mejor acceso a una audiencia de base para la que ya habían generado mucho valor.

Así que empieza de una vez, dondequiera que te encuentres y hagas lo que hagas.

TU RED ES TU HABER*

Hay una segunda "lista" tan importante como la que acabo de describir: tu lista de contactos, relaciones y personas influyentes. ¿Has oído el proverbio "No es lo que sabes sino a *quién* conoces"? Bueno, es cierto.

Mi amigo y cliente Tim Ferriss es quizás el mejor y más impresionante ejemplo de ello. Cuando lo conocí, yo tenía diecinueve años y era asistente de alguien; Ferriss era un emprendedor exitoso, pero relativamente anónimo, que daba los últimos toques a un libro que nadie creyó que se vendería (lo habían rechazado ya veinticinco o veintiséis editoriales).

Lo que nos reunió fue la conferencia South by Southwest en Austin, Texas; ésa fue para mí la primera conferencia real en mi vida, mientras que Ferriss hacía lo que yo podría describir ahora como una gira de establecimiento de redes. En lugar de gastar dinero en publicidad o promoción, viajaba de una conferencia a otra para conocer a tantas personas influyentes como fuera posible, desarrollar relaciones, aprender y hacer favores; hasta pasó un poco de tiempo conmigo, un verdadero don nadie entonces, porque mi jefe era importante. Meses después debutó con un best seller de *The New York Times* y un altísimo grado de cobertura mediática y atención en línea; años más tarde ese libro vendería millones de ejemplares, se traduciría a más de cuarenta idiomas y transformaría un sinnúmero de vidas. Y casi todo ese éxito podría atribuirse a la red que Ferriss forjó en esa gira de

---

* Trabajé en un libro con ese título (*Your Network Is Your Net Worth*); es bueno, deberías leerlo.

conferencias (la cual le ayudaría no sólo con sus libros; también desembocó en asesorías e inversiones por millones de dólares).

He aquí algunas de las estrategias de Ferriss:

Jamás subestimes a nadie. Nunca sabes quién podría ayudarte en tu trabajo. La regla de Ferriss era tratar a todos como si fueran a publicarlo en la primera plana de *The New York Times…* porque algún día podría tratarse justo de esa persona.

Juega a largo plazo. No tiene caso que conozcas a alguien que pueda socorrerte en este instante, sino que establezcas una relación que un día podría beneficiar a ambos.

Concéntrate en "pre-celebridades". Éstas son personas poco conocidas pero que podrían ser famosas o lo serán; lo que importa no es quién tiene el megáfono más grande. Un gran ejemplo para mí fue conocer a Ferriss: él no había vendido todavía millones de libros ni tenía una plataforma inmensa; ahora sí.

Igual que con muchas otras cosas, el mejor momento para formar tu red fue ayer; el *segundo mejor momento* es ahora. El mejor momento para conocer gente y desarrollar relaciones es *antes* de que debas pedirles un favor (lo cual es propio de todo ser humano). Si formas redes a cambio de algo que vencerá en una semana, no tienes punto de apoyo. Cuando te presentan a alguien, no quieres que las primeras palabras que salgan de su boca sean: "¿Sabes qué podrías hacer por mí?"; esto es implorar e imponer. Sé diferente: sé generoso, haz favores, ayuda a los demás con sus productos. Escribe a reporteros que cubren cosas que te interesan (o *lee* al menos su trabajo e interésate en él).

Formar redes *no* consiste en asistir a eventos y repartir tarjetas de presentación; eso se llama *volantear*. Formar redes consiste en entablar, desarrollar y mantener relaciones genuinas; en ser valioso y estar disponible para que un día tus favores sean debidamente correspondidos.

LAS RELACIONES TAMBIÉN SON UNA PLATAFORMA

En las elecciones primarias demócratas de 2016, Hillary Clinton derrotó a Bernie Sanders pese al increíble empuje e incitante retórica populista de éste. Para entonces eran comunes las anécdotas sobre el sorprendente ascenso de Sanders, sus fervorosos partidarios y su candidatura salida casi de la nada, no obstante lo cual Clinton ganó. ¿Por qué? Porque se aferró a algo muy particular de las elecciones primarias demócratas: los superdelegados. Estos delegados representan alrededor de quince por ciento de los votos de la convención. Durante sus años en el servicio público, Clinton se ganó a esos delegados mediante el establecimiento de relaciones, la colaboración y el conocimiento institucional. Al final, las elecciones no fueron demasiado reñidas; mientras Sanders cautivaba al público, Clinton operaba tras bastidores para generar confianza entre las personas cruciales.*

En el contexto de la política, eso no les pareció justo a muchos votantes; algunos sintieron que Sanders fue víctima de "robo" pese a que no ganó la mayoría, y menos aún a los superdelegados, y como si la labor de relaciones de Clinton, sin pronunciar discursos fervorosos, no fuera la *esencia* de la política moderna (y de la vida, por cierto).

Ésa es también una actitud común pero equivocada en los círculos creativos. El comediante Marc Maron resume a la perfección cómo nos sentimos cuando vemos que un compañero o competidor recibe una gran oportunidad o se anota un tanto importante. En esos momentos de celos y envidia decimos: "¿Cómo lo *conseguiste*?" Hacemos tanto énfasis que es como si dijéramos: "Debería haberme sucedido a mí" y "No mereces algo tan bueno". Nos molesta que otros triunfen más que nosotros, que todo parezca favorecerlos y que la gente les abra la puerta a ellos y a nosotros no.

Además de ser una lamentable forma de vivir, eso no da en el blanco. Nadie tiene derecho a las relaciones sólo porque su trabajo sea notable; las relaciones tienen que ganarse y mantenerse. Si tu meta es ser un gran maestro de las relaciones, no olvides jugar ajedrez, no damas; más vale que te cerciores de no sobrevalorar tus discursos a costa de consolidar tus relaciones con aliados decisivos. Hacer esto es importante no sólo para la mercadotecnia; también para establecer una plataforma viable y valiosa.

Desarrollar las relaciones correctas con las personas indicadas es el juego a largo plazo; es así como se hacen y preservan los legados. ¿Un nuevo álbum que de repente está en todas partes y del que todos hablan? Eso no sucede por accidente; es resultado de haber buscado con asiduidad a la

---

* Su subsecuente derrota en las elecciones generales ilustra un argumento distinto: todos los influyentes del mundo son inútiles si no puedes motivar a las masas e impulsarlas a actuar.

gente influyente adecuada, y quizá de haber conseguido un productor que ya tenía esas relaciones. ¿El emprendedor que recibe otra oportunidad después de haber sufrido un descalabro? Es consecuencia de haber generado confianza en los inversionistas; de haber comunicado y demostrado por qué él merece una segunda oportunidad. ¿La brillante biografía que contiene toda suerte de revelaciones? Se debe a que el autor dedicó varios años a conocer a la familia, trabar amistad con el bibliotecario que gestiona el archivo, demostrar que se es alguien con quien la gente puede abrirse. En todos estos casos, el creador invierte trabajo que al final redundará en la creación de una mejor plataforma de lanzamiento.

Como ya dije, todos necesitamos una lista de correos, pero pocos nos esforzamos en hacerla. He descubierto por igual que muchos individuos tienen la misma actitud hacia las listas *ajenas*. Aunque quieren pedir favores o que sus amigos o colegas promuevan sus productos entre sus propios partidarios, pocos se detienen a preguntarse: "¿Por qué alguien me haría ese gran favor?" La respuesta apropiada a esta pregunta es: "Porque yo le he hecho favores en el pasado; porque acumulé en mi favor una deuda kármica".

Si ves tu carrera y tus relaciones como inversiones —si ayudas, antes de que necesites algo; si sigues realizando a largo plazo un trabajo sensacional—, descubrirás que en ocasiones ni siquiera tendrás que pedir apoyo; tus amigos y partidarios te lo ofrecerán por iniciativa propia.

Pese a ello, demasiados creadores piensan que tal cosa ocurre por generación espontánea. Otros son tan cortos de miras que creen que pueden adquirir ese valioso recurso como si dijeran: "Pago por ver"; como si la influencia comprada fuera de veras tan eficaz. Piénsalo así: puedes pagar influencia igual que como pagas sexo; pero hasta donde sé, en ambos casos es mejor lo que consigues por ti mismo. Así como los medios ganados son siempre mejores que los pagados, cultivar influencias y relaciones genuinas es mucho mejor que pagar atención y amistades falsas.

LA RELACIÓN MÁS IMPORTANTE

Aunque la relación con "los que saben" es relevante y contribuye a crear una carrera duradera, nada de lo que hagas durará mucho si careces de la relación más importante de todas: la que tienes con tus fans. Imagina que en algún momento de su carrera Iron Maiden hubiera decidido ver a sus fans como signos de dólares y no como seres humanos; ¿qué tan pronto se habrían venido abajo tantos años de trabajo? La más alta prioridad de esa banda ha sido durante décadas servir y satisfacer a sus fans. Un comentarista describió su estilo musical e interacción con sus seguidores como "populismo sin concesiones". *Esto* es lo que le ha permitido sobrevivir a las nuevas tendencias, a la lista negra de la radio predominante, a cantantes diferentes y todas las demás tormentas que el destino le ha deparado.

Como advirtió Lady Gaga, las cosas no pueden reducirse a "Gracias por comprar mi disco y púdranse". Tu relación con tus fans tiene que ser más que una transacción; debe ser profunda, para toda la *vida*. Como la propia Lady Gaga explicó, lo que ella quiere decirles a sus fans es: "Gracias por comprar mi disco; viviré, moriré y respiraré mi arte para proteger sus sueños, porque ustedes protegen los míos". Hay asimismo una frase de uno de los miembros fundadores de la banda Twisted Sister, la cual ya vive su cuarta década. En cierto momento de su carrera, Jay Jay French, el guitarrista del grupo, se dio cuenta de que no se encontraba en el ramo de la música; *estaba en el de Twisted Sister*. Es decir, las únicas personas que le importaban eran los fans de Twisted Sister.

Barbara Hendricks, fundadora de un prestigioso despacho de relaciones públicas en la industria editorial (el cual ha representado a escritores como Jack Welch y Clayton Christensen), lo dijo de esta manera: "Los autores que quieren tener éxito a largo plazo deberían adoptar este mantra: 'Participa, participa, participa'". Olvídate de los escritores; todas las *personas* que quieren tener éxito a largo plazo deben participar, y hacerlo con autenticidad y franqueza.

La razón de que el éxito de Lady Gaga o Twisted Sister sea raro —en la música o en los negocios— es que muy pocas personas siguen esa lógica y participan de modo significativo; lo que más vemos es lo opuesto. *Forbes*, por ejemplo, es una marca mediática centenaria que tras dedicar un siglo a forjarse una sólida reputación en el periodismo financiero, abrazó la tendencia de abrir su sitio a sus colaboradores (a *cualquier persona*, de hecho); *Time* hizo lo mismo, igual que muchas otras publicaciones de prestigio. Pero aunque podría parecer que la apertura de esas plataformas a un creciente número de autores es una modalidad de participación, se trata en verdad de participación con el grupo equivocado. Durante un corto periodo, esas publicaciones fueron obviamente capaces de arbitrar la diferencia entre percepción (periodismo exclusivo y prestigioso) y realidad (colaboradores amateurs sin experiencia en edición); a la larga, sin embargo, la explotación de esa opción estratégica impuso un alto costo a su marca, porque *puso precio a la confianza entre tales publicaciones y sus lectores*, el grupo con el que ellas *deberían* haber entablado una relación.

El efecto Lindy significa que lo que perdura lo seguirá haciendo, pero la excepción de la regla sucede cuando los propietarios de proyectos socavan lo que los hizo grandes en primer término. Las ventas duraderas no están garantizadas; una reputación arduamente ganada podría esfumarse. Si a los fans se les mastica y escupe, no volverán. Y a la inversa: entre más íntimo y personal sea el vínculo entre creador, obra y aficionado, más durará la relación. Así pues, no tienes por qué estar del lado equivocado en el libro de contabilidad de tus relaciones; nunca quedes a deber nada a nadie.

Piensa en un creador al que admiras desde hace varios años; ¿cómo ha logrado mantener tu atención? No se trata de hacer algo maravilloso una vez y montarse en ese éxito hasta que se diluya, sino de lo grandiosa que es una banda en concierto, el especial de su treinta aniversario, las magníficas entrevistas que concede, los correos que envía o su presencia en las redes sociales (los artículos que parecerían haber sido escritos para ti y nadie más). Se trata, sobre todo, de que después de hacerle un favor a cierto grupo de personas de tu mismo campo, comienza a surgir una comunidad, de la que tú formas parte ahora.

De ti depende poner esa misma consideración y cuidado en tu trabajo y en la plataforma que eriges para venderlo.

MIRA A LARGO PLAZO

El científico Thomas Kuhn escribió en 1962 un librito titulado *La estructura de las revoluciones científicas*. Su tesis era controvertida: que el cambio científico no sigue un progreso lineal fijo. Argumentó en esencia que los científicos cuentan en todas las épocas con creencias y supuestos que guían su labor; el cambio sucede cuando esas creencias se desmoronan y son reemplazadas por nuevas y valientes teorías que cambian por completo la manera de ver las cosas. Kuhn llamó a esto "cambio de paradigma".

Irónicamente, la trayectoria de su libro es un buen ejemplo del viejo avance gradual. No representó un cambio de paradigma cuando fue publicado: vendió sólo novecientos diecinueve ejemplares en su primer año. Cincuenta años después, no obstante, ha vendido ya más de un *millón* de ejemplares en todo el mundo.

Pienso que la mayoría tiene la esperanza de que lo que hace sea recibido como un audaz trabajo de pasmosa genialidad que vende *de inmediato* un millón de ejemplares. Obviamente, ése es el camino preferido al éxito. ¿Quién quiere esperar medio siglo? ¿De qué sirve un producto de éxito cuando ya estás viejo, o muerto, como sucedió con los pintores impresionistas que murieron pobres, pero cuya obra está hoy en los más refinados museos del mundo?

La mayoría quiere gratificación instantánea, que su primer libro venda mucho, un lanzamiento que lo eleve a las alturas en el acto. Llamemos por su nombre a esta estrategia: *carrera desenfrenada*. La realidad es que hoy la marcha al éxito creativo es un maratón. Barbara Hendricks explica a sus escritores que su horizonte temporal suele ser incorrecto: "Los invito a que consideren cuánto tardaron en escribir y ver publicado su libro y a que dediquen un periodo al menos igual a promoverlo".

Esto parece razonable, ¿no es cierto?; puedes promover por lo menos el mismo tiempo que invertiste en la fase de su creación. Como mínimo, dedicar la mitad y la mitad es mucho más sensato que la proporción sugerida por mi amigo emprendedor que mencioné al principio de este libro. Más allá de eso, ¿no crees que tu obra merezca una franca oportunidad de tener éxito antes de que la des por perdida? El desarrollo de tu película demoró varios años; ¿dejarás que el distribuidor la retire después del fin de semana de estreno sin pelear por darle a tu público una nueva oportunidad para verla? ¡Por favor!

No te pido que hagas algo del otro mundo; recuerda que la industria de la música define como álbum de catálogo al que tiene más de dieciocho meses. Puedes mantener tu compromiso durante ese periodo, ¿verdad?; darle a tu obra el mismo tiempo para pararse que el que necesita un bebé, ¿no es así?

Como escribió Seth Godin:

El lanzamiento es el lanzamiento, pero lo que sucede después no es mera inercia, sino resultado de un tipo diferente de presentación, de recomendación verbal; de que el libro (o la herramienta que emplees para generar el cambio) forme parte de otra cosa, de algo más grande.

Es difícil expresarlo mejor que como lo hizo Alejandro Dumas en un diálogo de *El conde de Montecristo*. En él, el pretencioso Danglars se ufana de su costosa colección de arte, en particular de sus cuadros de los "antiguos maestros". "No me agrada la escuela moderna", dice, con manifiesto desdén por las obras populares del momento (el arte parisiense de principios del siglo XIX), a lo que el sarcástico Montecristo replica: "Tiene razón, monsieur; los miembros de esa escuela padecen un grave defecto: no han tenido tiempo aún de volverse antiguos maestros".

Esto no quiere decir que el camino a la fama sea largo y difícil sino que, igual que tu plataforma, requiere dedicación y esfuerzo, así como tiempo: mucho tiempo. Es común que las audiencias deban oír las cosas muchas veces y verlas desde diferentes ángulos para que estén dispuestas a darles una oportunidad. La misma lógica se aplica a ti como creador: tienes que darte una oportunidad. El impulso preciso para lograr un gran progreso tarda en generarse; debes recorrer una pista lo suficiente para levantar el vuelo. ¿Apagar los motores a medio camino? Ésa es la manera de garantizar que no despegues.

Cabe recordar que los anales de Hollywood están llenos de "éxitos de temporada" que se estrenaban clamorosamente cada Navidad, sólo para ser rebasados varios años después (o menos) por perpetuos favoritos como *Elf* (Elf: El duende) y *A Christmas Story* (Una historia de Navidad), películas que se ven durante un mes al año y que no dejan de jadear, como la proverbial tortuga en competencia con la liebre.*

Muchos proyectos arrancaron despacio pero no por culpa suya. *Adiós a las armas*, de Hemingway, apareció el día de la gran crisis bursátil de 1929; *El arte de la seducción*, de Robert Greene, se publicó poco después de los sucesos del 11 de septiembre de 2001; la aparición de *El método*, de Neil Strauss, estaba prevista para la semana posterior al arribo del huracán Katrina. Toda la prensa que esos escritores esperaban se desvaneció, junto con sus preciados escaparates de lanzamiento. Y no porque esos exitosos

---

* Este fenómeno no es único; *Star Wars* fue superada en su semana de estreno por *Smokey and the Bandit* (Dos pícaros con suerte): 2.7 contra 2.5 millones de dólares.

autores carecieran de público, sino porque en ese momento éste tenía en la mente cosas más relevantes. Así es la vida, y por eso debes perseverar. Si unos cuantos reportes de prensa y un solo día de ventas hubieran sido todo lo que constituye a sus respectivos lanzamientos, no habrían pasado de ahí.

Pese a la importancia del lanzamiento, debemos considerar lo que el editor de Kafka le escribió a éste, a propósito de sus escasas ventas: "Usted y nosotros sabemos que es común que lo mejor y más valioso no encuentre eco de inmediato". En otras palabras, es preferible que midas tu campaña en un periodo de años, *no de meses.*

Uno de los comediantes con los que mi compañía ha trabajado, Ralphie May, ofrece trescientas funciones al año y nos explicó: "Ningún gran comediante nació grande; todos lucharon en sus inicios y tuvieron que trabajar mucho para ser grandes. Yo llevo veinticinco años como comediante y doy trescientas funciones al año; así es como llegué a ser grande". ¡Y vaya que es enorme! Ningún comediante nace popular ni con público, al menos cuantioso; tiene que ganárselo, en el teatro, el cine, la televisión y todas los demás lugares donde pueda hacer reír y ser visto.

Ian Fleming escribió a su editor: "Apuesto que ninguno otro de sus escritores trabaja para usted tanto como yo". Tenía razón; en su mayoría, los autores creen ser demasiado buenos para eso o son muy sensibles para esforzarse lo suficiente. Al inicio de nuestra relación le pregunté a mi agente, Stephen Hanselman, qué distinguía a sus clientes exitosos de los menores y me contestó: "El éxito requiere casi siempre un autor incansable". He confirmado esto a lo largo de mi carrera, y no sólo en los libros; también en los demás productos.

LA MERCADOTECNIA NO PUEDE PARAR, EL TRABAJO NO PUEDE PARAR, LA VENTA NO PUEDE PARAR; TODO DEBE SEGUIR

Una vez que empiezas a ver que una obra acumula éxito a largo plazo, no es posible que abandones el proyecto; puedes hacer muchas cosas para seguir ampliando tu trabajo y poniéndolo al día. Piensa en las ediciones de veinte aniversario, las ediciones "corregidas y aumentadas" para actualizar un libro o guía, los álbumes "remasterizados" y las versiones de colección de productos clásicos. A la primera generación de bandas rocanroleras les fue muy bien en términos financieros debido a que supieron aprovechar las innovaciones tecnológicas; The Eagles vendieron discos de vinilo, casetes, discos compactos, MP3, versiones en Spotify y ahora, sin ironía, discos de vinilo nuevamente. Hay una razón de que las editoriales modifiquen cada cierto número de años las portadas de sus libros clásicos ("igual contenido, nueva presentación") y les asignen otros traductores cada que trascurren algunas décadas. El primer título que dio a conocer HarperCollins fue una traducción de los antiguos estoicos; hoy sus sellos publican *aún* varias versiones de esos textos. El primer libro de Penguin Classics, en 1964, fue una traducción de la *Odisea*, de la que se vendieron casi al instante más de 3 millones de ejemplares; Penguin Classics es hoy una franquicia que ya celebró su cincuenta aniversario. La obra básica es la misma, pero se le inyecta nueva vida para que persista más allá de cualquier tendencia; de este modo, los productos no envejecen ni se deterioran.

¿No habría sido bueno que Craigslist añadiera algunas funciones a su lista con el paso del tiempo? ¿Por qué Twitter no tenía un botón "Editar" a sus ya casi diez años de existencia? Esto no significa que alguien debiera haber sacrificado su diseño clásico, sino que pequeñas mejoras continuas hacen una gran diferencia. Es indudable que Basecamp no ha perdido nada con la renovación de sus funciones básicas cada cuatro años; esto le ha ayudado a ser duradero. Aunque el Pantry en el centro de Los Ángeles no acepta tarjetas de crédito, tiene un cajero automático en la fachada para facilitar el pago.

Nada garantiza que tu proyecto sea un éxito, pero puede decirse con certeza que si lo abandonas antes de que tu público lo haga, está garantizado su fracaso. Si permites que se pudra o anquilose, reducirás su periodo de vida; si das por hecho a tus clientes, buscarán otro sitio, así que date tiempo y espacio: los vas a necesitar.

PRODUCE MUCHAS OBRAS

Que este libro esté dividido en dos grandes partes —la primera sobre la creación y la segunda sobre la mercadotecnia— podría hacerte creer que la proporción correcta de tu esfuerzo es mitad y mitad. Falso; porque incluso cuando actuamos como mercadólogos, no dejamos de pensar en cómo producir y crear. *La creación también es mercadotecnia.*

Permíteme que me explique. Un escritor da la vida por escribir su libro, pone todo lo que tiene en comercializarlo y en una conversación con otro más exitoso pregunta: "¿Qué más debo hacer? ¿Cómo puedo lograr que mi libro se siga vendiendo?" En esta coyuntura —a la que muchos escritores llegan al paso de los años—, ese bienintencionado autor recibe uno de los consejos más frustrantes que existan: que lo mejor que puedes hacer para vender tu libro es *ponerte a escribir el siguiente*.

Eso es frustrante y depresivo porque es cierto: un mayor número de obras grandiosas es la mejor forma de comercializar tus libros.

De igual modo, lo mejor que puede hacer un actor —después de un increíble éxito de taquilla o un triunfo ostentoso— es buscar su siguiente papel, a menos que quiera que el anterior lo defina.* Lo mismo vale para el emprendedor: sea que su compañía haya sido vendida o quebrado, ¿qué es lo mejor que él puede hacer por su carrera? Iniciar su empresa siguiente.

¿*The Godfather* (El padrino) habría sido tan buena si fuera una sola? Fue la trilogía lo que la volvió icónica y decisiva para la cultura popular. ¿La *Ilíada* sería tan famosa sin la *Odisea*, o viceversa? ¿*El hobbit* habría sido tan popular sin *El señor de los anillos*? ¿A alguien le importarían los sonetos de Shakespeare sin las comedias o las tragedias? ¿La primera parte de *Enrique IV* funcionaría sin la segunda?

De hecho, producir más obras es una de las técnicas mercadológicas más efectivas. Robert Greene vio aumentar en serio sus ventas después de su tercer libro, a partir del cual los tres fueron vistos como serie: conjuntamente rindieron suficientes ventas para que los libreros los promovieran juntos. Los cuatro títulos de gran venta de Nassim Taleb —*Engañado por la aleatoriedad, El cisne negro, El lecho de Procusto* y *Antifrágil*— ya se conocen y comercializan colectivamente como *Incerto*, "cuatro volúmenes autónomos que se pueden leer en cualquier orden", pese a que no se publicaron juntos. En mi caso, yo obtuve más apoyo del equipo de ventas de mi editorial después de mi cuarto libro; pasó algo de tiempo para que me ganara ese interés, y en cierto sentido para que demostrara mis agallas. *Moby*

---

* De hecho, un interesante argumento de economistas como Arthur De Vany es que el concepto mismo de "estrella de cine" no es resultado de los papeles ejercidos, sino de las campañas publicitarias de una película. Cada estreno es una oportunidad de atención pública que incrementa la fama de un actor, independientemente de cómo le vaya a la cinta.

Dick no fue el primero ni el último libro de Herman Melville; y aunque quizás al principio esa novela no experimentó mucho éxito comercial, es improbable que hubiera terminado como un clásico si su autor fuera un don nadie o si hubiera dejado de escribir por falta de estimación.

La idea de que las obras duraderas multiplican su valor junto con su número no sólo es anecdótica. Un estudio realizado por los economistas Alan Sorensen y Ken Hendricks exploró ese fenómeno en la música; resulta que un nuevo álbum eleva las ventas del álbum anterior de una banda. Como escribieron esos investigadores: "Varios estándares indican que la fuente de ese efecto es la información: un lanzamiento provoca que clientes no informados descubran al artista y adquieran sus álbumes previos". De hecho, las ventas de los álbumes posteriores aumentan veinticinco por ciento en promedio a causa del descubrimiento y exposición adicionales.

Este fenómeno no se limita necesariamente al arte. Apple no hizo el iPod y el iPhone y se detuvo; ha hecho versiones nuevas y mejoradas de esos productos casi una vez al año durante más de una década, y en cada oportunidad la expectación de los medios y los clientes aumenta. Cada nuevo producto de esa compañía se integra a los otros, lo que atrapa a los usuarios con más fuerza aún en el universo de Apple.

Eso fue parte de la estrategia explícita de negocios de Steve Jobs, y de su táctica personal. Como él mismo señaló: "Si algo que haces sale muy bien, tienes que hacer otra maravilla y no demorarte demasiado en la primera; debes imaginar qué sigue". Piensa en Woody Allen: hace una película al año y ha procedido así durante décadas; según explicó él mismo, persigue la "cantidad" como medio para alcanzar la calidad. "Si haces muchas películas", dijo, "ocasionalmente una sale bien; pues nunca resultan como lo esperas".

Por eso es que debes persistir. Jerry Seinfeld da todavía muchas funciones a la semana y es ahora tan riguroso con su proceso creativo como lo era cuando la idea de *Seinfeld* no pasaba de ser un juego entre Larry David y él. *The New York Times* comentó en 2012 un video en el que Seinfeld deconstruye su proceso de creación de chistes; la broma ahí destacada tardó dos años en terminarse. Él añadió que tardó *siete años* en perfeccionar otra: la de que un esmoquin es una prenda diseñada para cuando debes engatusar a un grupo pequeño. Por supuesto que él es un comediante que gana millones en regalías, un nombre famoso que no tendría necesidad de presentarse en lúgubres centros nocturnos y dedicar una eternidad a afinar sus bromas. Y ni siquiera las que tarda años en pulir están a salvo, porque cada año elimina de su espectáculo diez por ciento de su material, al que, según él, despide como lo hacía con sus malos empleados Jack Welch, el legendario director de General Electric. Esto significa que su espectáculo se renueva constantemente y nunca pasa de moda, por lo que la gente puede verlo cada dos años a sabiendas de que no presenciará la misma función que la vez anterior.

A la inversa, el comediante Louis C. K. desecha cada año su espectáculo de una hora de duración; lo perfecciona, lo pule, lo promueve como "especial" y pasa al siguiente. Por eso le va mejor cada año y da a sus nuevos fans una pequeña demostración del show anterior. Tanto él como Seinfeld han producido espectáculos diversos, lo que les permite llegar a nuevos fans y seguir divirtiendo a sus audiencias ya existentes.

"Uno pasa de un proyecto a otro con el alma en un hilo", ha dicho John McPhee. Abandonar el material probado o un territorio conocido y empezar de cero es una perspectiva alarmante, porque, como nos recuerda McPhee, "tu artículo más reciente no escribirá por ti el que sigue". Cada vez que haces esto, crece no sólo la maestría en tu oficio, sino también tu posibilidad de crear algo brillante y duradero. La clave es que debes crear, crear, crear.

No digo que a cada oportunidad tengas que darle un sí automático, con la esperanza de que alguna prospere. Ésta es la actitud equivocada de la mayoría de las editoriales, estudios y disqueras; si fueran un poco más perspicaces y se concentraran en el largo plazo, en vez de perseguir toda tendencia pasajera, no tendrían que aceptar índices de fracaso tan altos (la mayoría de los libros no recuperan su anticipo, la mayoría de las bandas no triunfan en grande, casi todas las películas fracasan). Desde luego que debemos estar abiertos a las oportunidades cuando se presentan, pero también seleccionar con cuidado nuestro momento y aceptar sólo las propuestas que están a nuestro alcance. Esto quiere decir que únicamente hemos de comprometernos con las ideas que tienen la posibilidad de ser duraderas, porque ésas son las que conviene ejecutar.

A mi parecer, no cualquiera que publica un libro es *escritor*; podría ser apenas alguien que *sacó* un libro. Para convertirse en escritor tiene que escribir más de un libro, así como un *emprendedor* de verdad pone en marcha más de una empresa. La mejor forma de convertirse en un verdadero comediante, cineasta, diseñador o emprendedor es no parar nunca, seguir siempre adelante. Obviamente hay excepciones; muchos emprendedores brillantes hicieron una sola cosa y no por eso dejan de serlo, igual que como Harper Lee es escritora sin discusión alguna. Aun así, ¿el mundo no sería mejor si el novelista Ralph Ellison hubiera escrito otro libro o si Mark Zuckerberg, fundador de Facebook, iniciara algún día otra empresa? ¿Por qué el primer producto o proyecto de alguien tendría que ser el último?

No basta con ejecutar una gran obra; intenta realizar muchas. Muy pocos podemos (y debemos) darnos el lujo de dejar nuestro don en el abandono después del primer intento, seguros de que nuestra herencia está asegurada.* Debemos demostrarle al mundo y a nosotros mismos que podemos hacerlo otra vez… y una vez más.

LLEGA A NUEVOS AFICIONADOS

Durante un periodo de inactividad, todos los creativos deben explorar vías de llegar a nuevos aficionados, por popular que sea su producto o espectáculo, o por mucho tiempo que lleven haciéndolo. Para todas las personas que no han oído hablar de él —casi siempre *la mayoría de la población*—, es nuevo todavía.

La mercadotecnia es, así, un proceso continuo. La responsabilidad de buscar y llegar a nuevos fans es una tarea sin fin. A eso se debe que las personas de éxito tiendan a colaborar entre sí, para intercambiar audiencias.

Aerosmith hizo una canción con Run-DMC; Ray Charles grabó *Genius Loves Company*, su álbum más vendido y premiado, con un colaborador famoso en cada pista; Tony Bennett realizó un disco con Lady Gaga; Kanye West y Adidas hacen tenis exclusivos; Uber introdujo a Spotify en su app; Robert Greene escribió un libro con 50 Cent; Floyd Mayweather apareció en el programa *Dancing with the Stars*.

¿Cuál fue el resultado neto de esos pequeños experimentos creativos? Nuevos fans para ambos creadores.

---

* Ya mencioné el sarcasmo de Alejandro Dumas sobre el tiempo que la nueva escuela requería para volverse clásica. Él no se contentó con esperar; tan sólo entre 1841 y 1850 escribió cuarenta y un novelas, veintitrés obras de teatro y seis libros de viajes, obras suficientes para generar algunos clásicos eternos.

Muchos actores de nicho lo saben. Si se te conoce como "comediante latino", tus opciones profesionales son limitadas; sólo dispones de ciertos sitios, espectáculos y audiencias. Para cubrir otras áreas, un comediante debe ampliar deliberadamente su público y reclutar con perseverancia aficionados de otros grupos y comunidades. Esto podría significar presentarse en pequeños centros de ciudades distintas, ajustar algunos decorados para que sean más generales e incluyentes o aceptar un salario bajo con tal de participar en una atractiva película y aparecer ante un público más amplio.

También los periodistas piensan mucho en esto, igual que los conductores de programas de televisión. Aunque aparecen a diario ante su público, algún día podrían presentar algo expresamente diseñado para atraer a otras personas: escribir una columna viral, participar en un programa serio si suelen ser graciosos, tener un invitado fuera de lo común, lo que sea; la clave es saber que no es lo mismo satisfacer a tu audiencia que ampliarla, estrategia que podríamos llamar "Uno para ellos, otro para mí". En una trayectoria profesional sólida, hay espacio para ambas cosas.

Como dijo Goethe: "La más grande muestra de respeto que un escritor puede destinar a su público es no producir lo esperado, sino lo que él considera útil y correcto para la etapa de desarrollo intelectual a la que él y los demás han accedido". Esto se aplica a *cualquier* persona creativa; después de todo, es raro que repetir sea la receta para ganar nuevos fans. Jerry Seinfeld y Louis C. K. lo sabían, y a eso se debe en parte su prolongado éxito.

Esto significa que debes poner a prueba algunas locuras. No permitas que tu marca te impida explorar y experimentar; estos pequeños esfuerzos podrían mostrar una nueva dirección para tu carrera o exponerte a una nueva comunidad o grupo al que tus demás trabajos le deleiten. No te vuelvas arcaico. No permanezcas nunca en un lugar, rutina o estereotipo que te limite.

Hay quienes no te admiran ni lo harán jamás, pese a lo cual hay algo que hacer en esta área. Al coronel Parker, el tristemente célebre representante de Elvis Presley, se le ocurrió vender souvenirs con la leyenda "Odio a Elvis", para que éste también se beneficiara de sus enemigos. Todos deberíamos saber quiénes son nuestros detractores y fastidiarlos de vez en cuando, sólo por diversión.

FORJA UN IMPERIO

Hace unos años trabajé en un proyecto editorial con dos exitosos magnates del hip-hop que querían enseñar a los aspirantes a emprendedores la diferencia entre poner un negocio y *forjar un imperio*. Muchas personas hacen lo primero; muy pocas consiguen lo último.

Ese libro se estancó por falta de tiempo de sus autores, lo que me entristeció sobremanera, porque en lo personal aprendí mucho de escucharlos. La noción de un *imperio* —de extenderse a industrias adyacentes, iniciar compañías, crear marcas, preparar discípulos, crecer y fortalecerse— parece ser mucho más natural en el hip-hop que en otros campos creativos. El trayecto de un chico rebelde a artista y magnate ha sido muy socorrido, de P. Diddy a Birdman y Jay Z. Quizá los raperos sean sencillamente más ambiciosos que otros artistas; en cualquier caso, su enfoque me agrada: ven también los negocios como arte. No sólo quieren hacer música; quieren hacer una música que les permita apoderarse del mundo.

Hay otra realidad de las actividades creativas que debemos considerar: el dinero no suele hallarse en las regalías ni en las ventas; los autores lo consiguen dando conferencias, clases o consultorías. Los emprendedores de Silicon Valley son buenos para lo suyo, pero tal vez sean mejores invirtiendo en las compañías de sus amigos. El dinero de los músicos no está en los discos, sino en sus giras, camisetas, respaldos y otros productos. No cabe duda de que a Michael Jackson le fue muy bien como artista, aunque quizá le haya ido mejor *invirtiendo en otros*; su imperio de derechos y fonotecas, adquirido en el curso de su carrera, genera ingresos por millones de dólares hasta la fecha. Su adquisición más famosa: los derechos del catálogo de los Beatles, que valoraba más que ellos mismos (decisión que ellos terminaron por lamentar).

La idea fija de muchos artistas acerca de la pureza de su oficio les impide capitalizar esos canales y exponer su trabajo ante más personas. En los años ochenta, críticos y artistas se burlaban de bandas como Iron Maiden, Metallica y AC/DC porque "vendían más camisetas que álbumes". Decían esto como una afrenta porque, desde la perspectiva de los aficionados a la música, quien no vendía mucho era considerado una porquería.

Esa burla se les revirtió. Además de que el margen de ganancia de las camisetas es mayor que el de los álbumes, aquéllas *son publicidad gratis para una banda.* Hay quienes se han puesto por veinte años las camisetas clásicas de Iron Maiden y AC/DC; cuando otros las ven, a veces deciden escuchar esa música, ir a conciertos y comprar sus propias camisetas. La expansión de su imperio de productos ha ayudado a esos grupos a seguir siendo relevantes aun décadas después de que la radio dejó de tocar su material. Esta mentalidad emprendedora —la disposición a explorar oportunidades de negocios distintas a las de componer y vender música, en el caso de las bandas— es algo que todo creativo debe considerar, en especial en un mundo donde la innovación tecnológica ha trastornado los mercados de música, libros y otros productos.

Steven Johnson hizo hace poco para *The New York Times* un amplio estudio sobre el boom de las industrias creativas. Descubrió que en lugar de que el ascenso de internet haya destruido el mercado del trabajo creativo —como muchos predijeron—, tuvo el efecto contrario, por lo menos para algunos artistas. ¿Por qué? Como observó él mismo: "Bien puede ser que nuestro nuevo entorno seleccione a los artistas más aptos para inventar trayectorias profesionales, no a los que se concentran decididamente en su oficio". En otras palabras, ese medio favorece a quienes son capaces de desplazarse en dirección horizontal e integrarse en la vertical, es decir, a quienes crean imperios innovadores y no sólo producen.

He aquí algunas preguntas que deberías hacerte:

- ¿En qué nuevas áreas sería valiosa mi experiencia o audiencia? (Piensa en las celebridades que invierten en compañías o inician la suya.)
- ¿Sería posible que eliminara al intermediario, como una disquera o al capital de riesgo, e invirtiera en mí? (Eso sucede cuando los músicos recuperan sus másteres o los autores sus derechos; Jay Z ha dicho que si no eres dueño de tus másteres eres un esclavo, lo cual es parcialmente cierto.)
- ¿Puedo ayudar a otros artistas o creativos a hacer lo que yo he logrado? (Sé consultor, coach o editor, productor o director de una disquera.)
- ¿A qué temen mis colegas? ¿Qué subestiman? (Éstas son casi siempre grandes oportunidades.)
- ¿Qué puedo hacer para no depender de una única fuente de ingresos? (Nunca sabes lo que puede ocurrir.)

- Si me tomara un descanso de crear, ¿qué haría? (Quizás hayas abandonado hace tiempo una intensa pasión.)
- ¿Qué partes de la experiencia o comunidad que rodea mi trabajo puedo mejorar o desarrollar? (Eventos en vivo, charlas, membresías, productos personalizados, etcétera.)

Todas las industrias ofrecen oportunidades: los académicos ejercen la consultoría, los escritores de obras literarias dan clases en universidades. Hemingway y Steinbeck aparecieron en anuncios; el primero incluso los escribía. Michael Lewis y Malcolm Gladwell colaboraron en una campaña de la marca Chipotle y este último frecuenta el circuito de conferencias. Bruce Dickinson, el vocalista de Iron Maiden, conduce un programa de radio, escribió una novela para jóvenes, tiene una exitosa carrera como solista, estuvo a punto de pertenecer al equipo olímpico de esgrima de Gran Bretaña, es piloto aviador profesional y fundó una compañía de aviación que reporta ingresos anuales por 6 millones de dólares. A lo mejor hasta Woody Allen ha ganado un par de billetes extra tocando su clarinete.

Un músico con el que trabajé, Nick van Hofwegen, conocido por sus fans como Young & Sick, tiene una segunda carrera como diseñador y artista plástico, lo que armoniza muy bien con su música. En tanto que canciones nuevas sólo pueden lanzarse cada cierto tiempo (meses), él produce obras de arte de manera sistemática para atraer más fans. Sus publicaciones diarias en Instagram reciben miles de *likes* y la gente añade a sus amigos en los comentarios para que conozcan las creaciones más recientes de Young & Sick. Él ha producido portadas de álbumes icónicos de músicos con cuantiosos discos de platino, como Maroon 5, Foster the People, Robin Thicke, Skrillex y otros. Las imágenes que creó para Foster the People fueron adaptadas al mural más grande de la Costa Oeste, de 45 por 40 metros, con el que se cubrió un costado de un edificio en el centro de Los Ángeles.

En el Buku, festival de Nueva Orleans, los 15 mil asistentes diarios ven las creaciones de Young & Sick en cada rincón del evento, desde el folleto hasta los estandartes en el escenario. Aparte de hacer toda la gestión de marca de Buku, Van Hofwegen ha creado promociones para grandes festivales como Austin City Limits, al que asisten más de 170 mil personas cada año. Sus personajes se han abierto paso también al consumo dominante: han aparecido en latas de Pringles, anuncios de Coors Light e incluso como ropa interior en el sitio web Me Undies, que vendió miles de esas prendas en su lanzamiento inaugural.

Como cabe suponer, las relaciones que él ha establecido mediante su trato con grandes músicos mientras diseña materiales para importantes festivales musicales también han representado oportunidades para su música. De hecho, sería difícil separar ambos aspectos: sus actividades artísticas apoyan y difunden su música al tiempo que la música apoya y acompaña al arte. Sobre todo, el gran temor de que eso fuera una distracción o le impidiera producir resultó infundado.

Tal es el caso también de los creadores multidisciplinarios más exitosos.

A pesar de que Google todavía obtiene de sus labores de búsqueda la casi totalidad de sus ingresos, desde hace tiempo sabe que no puede *limitarse* a administrar un motor de búsqueda, así que se ha ampliado y creado productos adictivos. Justo en este instante yo uso uno de esos productos para escribir (Google Docs, resultado de la adquisición de la compañía Writely), mientras que en otras circunstancias empleo otros de sus servicios para mandar correos a mi editor (Gmail, de creación propia) y pasar el rato (YouTube, una adquisición).

Ian Fleming sabía que su única posibilidad de ganar "dinero propio" como escritor era llevar sus libros a la pantalla, y trabajó incansablemente para ello. Los raperos que persiguen mucho dinero hacen lo mismo. ¿Cuánto tiempo permanecerán en la cima de las listas de popularidad (cada vez más irrelevantes, por cierto)? Con esto en mente, realizan en forma simultánea otras actividades, que financian con sus regalías. Cuando obtienes tu dinero de líneas de ropa, filmes, aparición en clubes nocturnos, respaldos o tu propia disquera —Jay Z ha ganado mucho más de este modo que en la venta de sus álbumes—, la música pasa a ser un dispositivo de gestión de marca, un medio para llegar a la gente, un artículo de gancho.

Eso no es malo; no es "corporativización". Si acaso, la música de Jay Z ha mejorado con el paso del tiempo, gracias a que ahora puede invertir más en ella y producir videos, cuidar la producción y seguir novedosas estrategias de lanzamiento. Como eso financia un imperio más grande, él no tiene que cantar para comer; canta porque le gusta hacerlo.

En mi caso, yo estuve en condiciones de aceptar un anticipo mucho más bajo para mi segundo libro —acerca de la filosofía estoica— gracias a que la compañía que fundé en torno a mi primer libro de mercadotecnia ya ganaba lo suficiente para sostener mi escritura. Mi imperio no corrompía mi arte; lo financiaba. Ese libro acabó vendiéndose mucho mejor que el anterior.

Lo que quiero decir es que a veces el mejor modo de monetizar tu trabajo —y tenemos que ganar dinero para vivir— no procede del trabajo en sí mismo, al menos a corto plazo. Aunque sabemos que con el tiempo los productos de venta duradera pueden ser muy redituables, necesitan espacio para crecer, ¿y qué mejor lugar para que lo hagan que el terreno fértil de tu imperio en ciernes?

UNA ÚLTIMA COSA

Muy pocos llegan a los campos creativos para ejecutar *un* solo proyecto. La mayoría llevamos en nosotros más de un libro o película, y aun si sólo tenemos una compañía, quizá queramos tener más de un producto mientras ella subsista.

Diversidad y productividad son partes cruciales de esa longevidad, pero requieren aptitud para experimentar, probar cosas nuevas y dar sustento a varias obras, lo que requiere a su vez desarrollar independencia e infraestructura. Salvo que tengamos un fondo fiduciario o un patrocinador adinerado y paciente, sólo hay una manera de lograr eso.

Con una plataforma.

Realizar nuestra tarea sin una plataforma es estar a merced de la aprobación de otros; alguien tiene que financiarnos, darnos luz verde, dejarnos hacer nuestra obra. Para una persona creativa, eso es la muerte. ¿Tener un público propio al que estemos unidos como la mano al puño? Eso es la vida, pero como ya dije no surge solo; tiene que llevarse a cabo.

Así que no esperes: levanta ahora mismo tu plataforma. Hazla antes de que aparezca tu primer gran producto de venta duradera, para que puedas convertirlo en eso; para que puedas crear *múltiples* obras de esa clase; para que puedas tener una carrera y ser algo más que alguien con un libro, una película o una app. Porque eres más que un emprendedor, un escritor, un cineasta, un periodista; eres un magnate.

Hazlo realidad.

CONCLUSIÓN

¿Qué tiene que ver la suerte con esto?

Muchas cosas están bajo control de los creadores: en qué deciden trabajar y la actitud que adoptan ante su tarea; su capacidad para pulir su creación y posicionar apropiadamente su obra; la energía y recursos que dedican a la mercadotecnia; la plataforma que erigen y el público que cultivan antes y después de que hicieron algo.

Todos esos factores son cruciales; ningún escritor, emprendedor ni creador puede triunfar sin ellos. Pero hay otro importante ingrediente del éxito que escapa a nuestro control y del que no hemos hablado hasta ahora: *la suerte.*

Sería poco honesto ocuparse de la creación de un producto clásico de venta duradera y pretender que la suerte no tiene nada que ver con ello, porque importa mucho. John Fante, el escritor cuya historia conté a lo largo de estas páginas, vio casi arruinada su carrera a causa de la *mala* suerte y la rehízo décadas después en un golpe de increíble *buena* suerte.

La suerte es polar. Al afortunado le agrada fingir que no existe; el frustrado o desafortunado finge que lo es todo. Ambos están en un error. Sin importar lo que hayan dicho nuestros padres como parte del sueño americano, el trabajo intenso no reina sobre lo demás. Muy en el fondo, el mundo no es una meritocracia ni lo ha sido nunca. Como señala Nassim Taleb: "Trabajar con ahínco te lleva a una cátedra o a tener un BMW; necesitas trabajo y buena suerte para tener un premio Booker británico, un Nobel o un jet privado".

Pregúntale a Bruce Springsteen. A la historia de su disco *Born to Run* —y por extensión a la de su carrera— la define pura y estrictamente la suerte.

Dos hechos por completo imprevistos y fortuitos contribuyeron a hacer de ese álbum —que celebró ya su cuarenta aniversario y 6 millones de copias vendidas— el éxito colosal que posee.

El primer golpe de suerte fue que, luego de suponer equivocadamente que el álbum estaba casi listo, Springsteen y la disquera lanzaron "Born to Run" como sencillo en la radio. No obstante, el disco se atrasó y ese sencillo disfrutó de seis meses de inesperada ejecución en la radio antes de que el álbum saliera a la venta. Este lanzamiento en falso fue del todo accidental —de hecho, contrario a lo planeado—, pero la casualidad generó para el álbum la expectación y el impulso que necesitaba.

Segundo, hasta entonces Springsteen había reñido con la disquera en vista del escaso apoyo que recibía de ella. En un momento de inquietud, se quejó de esa conflictiva relación en una entrevista con una publicación universitaria. Por casualidad, el hijo del nuevo presidente de la disquera estudiaba en esa universidad, leyó el artículo y se lo hizo llegar a su padre, quien buscó al músico para que hicieran las paces. Gracias a esta conciliación, Springsteen pudo lanzar por fin un disco relevante con todo el apoyo de su disquera.

En otras palabras, había hecho una obra maestra, dedicado tiempo extra a pulirla y posicionarla (por eso se aplazó el lanzamiento) y empezado a levantar su plataforma; pero si el sencillo no se hubiera estrenado antes de tiempo y si aquel chico no hubiera leído ese artículo en la revista de su escuela, las cosas podrían haber sido muy distintas.

Hay algo más que merece mencionarse de esta anécdota de Springsteen. *Born to Run* fue su *tercer* álbum; aunque había firmado contrato con la disquera varios años antes, todavía se esforzaba para conquistar el éxito. Pero persistió. En este sentido, la buena fortuna no es un accidente; como bien dicen: entre más haces y trabajas, más suerte tienes.

De todos modos, eso es espeluznante, ¿no? Que un artista haga todo sin obtener resultados, o que tenga que dedicar aún varios años a una lucha desmoralizadora contra la adversidad y el factor X de todo eso sea *la suerte*.

¿QUÉ PASA SI NO TENEMOS SUERTE?

Cuando terminaba el borrador de este libro, alguien me recomendó que viera un documental de MxPx, banda punk que yo escuchaba mucho de chico. Ese documental se inicia con la celebración del veintidós aniversario del grupo, el cual había lanzado ya dieciséis álbumes, veinte sencillos y tres películas, ha vendido más de 2.5 millones de discos y recorrido en sus giras miles de kilómetros de todos los continentes, excepto La Antártida. Recuerdo que cuando estaba en la preparatoria vi el Super Bowl en la televisión una vez, y a esa banda en un comercial. No se podía llegar más lejos, ¿cierto?

Siempre había considerado a MxPx como un modelo de carrera artística; su éxito significaba que se podía *triunfar* sin venderse ni perseguir la fama en forma indecorosa. En muchos sentidos, basé mi carrera en esa idea; quería tener éxito sin ser para *las masas*.

Pero para mi sorpresa, en las primeras escenas del documental los tres miembros de la banda prácticamente decidían disolverla. Tenían problemas financieros; estaban cansados; dos de ellos habían optado por dejar las giras y aceptar empleos de tiempo completo en los astilleros cerca de donde habían crecido, tal como habían hecho sus padres una generación atrás. Era como el reverso de una canción de Springsteen: en lugar del sueño que los había sacado de su pequeña ciudad industrial, ¿habían visto todo lo que era posible en el mundo sólo para regresar cruelmente a ella a los treinta y cinco años de edad?

Esto no puede acabar así, pensaba mientras veía el documental. Lo que me había impulsado a perseguir mi carrera comenzaba a parecer una mentira. ¿De veras los buenos llegan al último? Unos chicos de una pequeña urbe persiguen su sueño, triunfan en grande, no se venden nunca ¿y al final tienen que conseguir empleo como el resto de los mortales? La depresión me duró varias semanas. Me sentí culpable, había fallado como fan. *¿No los apoyé lo suficiente? ¿Se debe a que la gente piratea ya casi toda la música? ¿La disquera los había timado?* Quería culpar a alguien, necesitaba una explicación, eso era una anomalía y no era justo.

Como creador, me preocupaban también mi carrera y la posibilidad de mantenerme como escritor. ¿Era posible que se lograra tanto y hubiera que esforzarse de todos modos? *¿Así sería también para mí?*

Mientras me enfrentaba con estas preguntas, se me ocurrió que podía aprovechar uno de los privilegios del escritor e interrogar directamente a la banda. La busqué con el vago pretexto de entrevistarla para este libro de mercadotecnia, aunque en realidad sólo necesitaba saber si me había equivocado sobre los productos de venta duradera. ¿Había sido ingenuo? ¿Me había perdido algo de la trayectoria profesional de MxPx? ¿Esta banda había cometido un error? ¿Me vería algún día en una situación igual en mi carrera?

Al fin localicé a Mike Herrera, fundador, vocalista y compositor del grupo, quien estaba de regreso de una gira por Europa. Cuando conversé con este hombre generoso, paciente y amable, comprendí que yo fui tonto y ridículo.* No sólo porque la banda prosiguió y volvió a grabar poco después de que se divulgara el documental (ahora viaja menos —un privilegio que sin duda merece— y los dos integrantes que consiguieron empleo en el ramo de los submarinos nucleares, ganan muy bien), sino además porque, sorpresivamente, sus miembros —pese a tener todo el derecho de hacerlo— no guardaban ningún rencor de su paso por la industria de la música.

"Es difícil que la gente entienda que una banda que hacía muchas giras y parecía estar en la cima del mundo tiene empleos ordinarios. Es como si dijera: '¡Vaya!, ésa es la realidad'", detalló. "Aun así, la realidad no es tan mala; la verdad es que es maravillosa: todos estamos haciendo lo que nos gusta y podemos hacer todavía los shows de MxPx".

Seguramente había cosas que habrían querido hacer de otra manera: mejor mercadotecnia, más eficientes planes de negocios (algo en lo que no creían concentrarse mucho), mejor asesoría legal y todo eso. El hecho de que no fueran millonarios no representaba precisamente un fracaso. Sí, que hubieran cambiado la estrategia de la banda veintidós años después probaba en cierto modo que en la vida no hay garantías, pero también que, si te esfuerzas, siempre tendrás un poco de éxito.

MxPx fue una banda que hizo lo que le gustaba durante más de dos décadas, y todo indica que lo hará todavía. Ganó más dinero del que la mayoría de las bandas podrían soñar en términos realistas; hizo más de lo que

* Herrera difundió nuestro intercambio en su podcast y su programa de radio, porque, hábilmente, no ha dejado de erigir su plataforma; puedes escucharlo en tmblr.co/ZmYKGv1zJjqvL

un artista puede aspirar legítimamente. Herrera me explicó su realidad: "Si viera que las puertas A, B y C conducen a aflicciones y dolor pero A es lo que quiero, ¿por qué no la habría de escoger?" Citó al músico Tom Petty: "Ninguna salida es fácil, cariño". Por lo que respecta a la realización de tu arte —sea componer música, escribir o montar una gran compañía—, lo quieres o no; no es fácil entrar ni salir.

Cuando Kevin Kelly planteó su idea sobre los mil aficionados de verdad, no dijo que vivirías como rey ni que no tendrías que esforzarte o que las dificultades se acabarían; dijo que podrías *ganarte la vida*. Pronosticó que la tecnología permitiría trabajar y sobrevivir como artista; no dijo que esto fuera a ser fácil o que te harías desmesuradamente rico.

Decidimos entregarnos a una actividad creativa no porque sea fácil y dé certidumbres; de hecho, lo que a la mayoría nos fascina de este trabajo son sus incertidumbres, porque lo vuelven interesante. Este mundo ofrece mejores, más fáciles y menos angustiosas maneras de ganar dinero. No nos dedicamos a esto porque sea así; lo hacemos porque no tuvimos otra opción. Hacemos lo que hacemos porque no existe nada más satisfactorio que el proceso artístico y creativo, pese a que sus recompensas no sean siempre económicas ni se acumulen tan rápido como quisiéramos.

A invitación de Mike Herrera, vi tocar a MxPx en San Antonio casi quince años después de la primera vez, cuando era adolescente y los vi en un pequeño foro cerca de mi ciudad natal, en el norte de California. Fue una experiencia increíble verlos tocar ahora las mismas canciones con la misma energía frente a una multitud mucho más diversa que la de aquellos días. Esta función resultó ser parte de una ininterrumpida serie de conciertos con localidades agotadas que la banda había tenido desde que reanudó sus giras; celebraba así veinticinco años como grupo.

Herrera y yo nos hicimos amigos y una tarde en que paseábamos por las calles de Seattle nos detuvimos en el aparador de una tienda de guitarras de colección, en donde él compró una, años antes. El dueño lo reconoció; lo había visto al menos una década atrás y le preguntó por la banda. Conversaron sobre su larga carrera. El dueño estaba radiante; su tienda había desempeñado un pequeño papel en eso. De repente salió su hijo, que exclamó: "¡Eres Mike Herrera! ¡De MxPx! ¡Tengo todos sus discos!"

Ése era el motivo de la emoción del dueño: sabía que su hijo oía la música de alguien que alguna vez había estado en su tienda y quería impresionarlo, como tanto les agrada a los padres. En un ordinario paseo vespertino, Herrera había tropezado con el impacto multigeneracional de su tarea; había hallado una muestra viva y palpitante de su éxito duradero. Yo tuve la suerte de estar ahí y mirar a esos tres individuos que experimentaban un momento breve pero muy personal que, supongo, no pudo menos que añadir significado al esfuerzo que requirió para tener éxito.

Ésta es la parte afortunada de ganarse la vida haciendo un trabajo creativo, ¡el mejor trabajo del mundo, caray!

¿Qué hay de la suerte, entonces? El entrenador de futbol americano Bill Walsh explicó una vez la estrategia que le permitió llevar en varias ocasiones a su equipo, los 49 de San Francisco, a la conquista del Super Bowl. La clave no era una agresiva e implacable persecución de la victoria, sino algo un poco más polémico, que acepta el papel del azar. Después de diseñar los estándares adecuados y reunir a los integrantes del equipo, su meta era "establecer un casi permanente 'campamento base', sistemáticamente cerca de la cúspide, a muy corta distancia de ella". La probabilidad de ganar en un año dependía de muchos factores externos —lesiones, horarios, empuje, clima—, igual que le ocurre a un montañista, escritor, cineasta, emprendedor o creativo. Sin embargo, sabemos con certeza que sin la preparación adecuada no hay posibilidad alguna de llegar a la cumbre.

Walsh llegó tres veces a ella con los 49 en un periodo de ocho años. ¿Fue preparación, brillantez o suerte? Fueron todas estas cosas juntas.

Esa combinación es lo que yo traté de formular en estas páginas.

En la primera mitad nos concentramos en los estándares de nuestros productos y proyectos. Confirmamos haber hecho algo que nos llevó a muy corta distancia de la cima, algo próximo a lo mejor en nuestro campo. Revisamos, volvimos a revisar y nos preparamos.

La segunda mitad consistió en intentar el viaje a la cumbre. Consistió en hacer nuestro mejor esfuerzo, a sabiendas de que no hay garantías; de que precisamos de las condiciones climáticas adecuadas y de pausas oportunas para llegar a la cima. Cuánto tardemos en lograrlo, qué tan lejos podremos llegar, está por verse aún; pero lo intentaremos, porque así somos, eso es lo que hacemos.

Por lo que toca a la incertidumbre, no puede molestarnos. Porque como escribió Arthur Miller en *La muerte de un viajante*, la satisfacción de nuestra necesidad creativa es "más fuerte que el hambre, el deseo o la sed, la necesidad de dejar una huella en el mundo. La necesidad de inmortalidad y, hay que admitirlo, de saber que uno ha inscrito su nombre en un trozo de hielo durante un cálido día de julio".

Que nuestra huella en el mundo dure diez años, como esperaba Cyril Connolly, o diez minutos o diez siglos, no lo sabremos, pero tenemos que intentar dejarla de todos modos, y hacerlo no una vez sino muchas.

Cuando le pregunté a Craig Newmark qué se sentía haber creado algo que utilizan millones de personas y que permanece firme veinte años después, su respuesta fue el comentario perfecto para cerrar este libro:

"Te sientes bien de momento, luego te parece surreal y al final tienes que volver al trabajo".

EPÍLOGO

En una conversación con Judd Apatow sobre la trayectoria del trabajo creativo después de su lanzamiento, el actor Steve Martin explicó que existen tres niveles de "satisfactorio" en una película: "El primero es cuando se estrena: ¿tiene éxito? Luego, cinco años después: ¿dónde está?, ¿desapareció? Y al final, de diez a quince años más tarde, si acaso sobrevivió: ¿la gente la ve todavía?, ¿tiene asegurada una vida futura?"

Puesto que fueron recogidas en un libro sobre cómo hacer cosas que perduren, espero que mis palabras ayuden a otras personas a crear obras que alcancen cada uno de los niveles de Martin. Que mis propias palabras perduren, es todavía demasiado pronto (y presuntuoso) para saberlo. Parafraseando la canción de Van Halen, sólo el tiempo dirá si este libro, o cualquiera de las ideas vertidas en él, resistirá la prueba del tiempo.

Si no lo hace, espero aprender y mejorar en consecuencia. No habré abandonado el libro para entonces, de eso puedes estar seguro; no después de haberte instruido sobre la importancia de mirar siempre a largo plazo. Cualquiera que sea el veredicto, sé que los objetivos a los que apunté son valiosos. Confío en que las estrategias que se expusieron en este volumen tracen el mejor camino al éxito duradero, aunque, como en tantas otras cosas en la vida, no puedo ofrecer garantías. Pese a todo, me alivia y enorgullece saber que ya estás completamente preparado para realizar y comercializar un clásico.

Ansío volver a este asunto en tu compañía dentro de cinco, diez y quince años. Y ojalá pueda hacerlo por igual muchas décadas después.

UN REGALO PARA TI

Antes que nada, gracias por haberte tomado el tiempo necesario para leer este libro. Como expliqué en la sección de mercadotecnia, optar por leer un libro en lugar de otro es una decisión difícil; gracias por haber elegido éste. En muestra de gratitud —y para seguir mi propio consejo de la parte IV sobre aumentar siempre la interconexión—, quiero ofrecerte algo a cambio:

Para conocer una serie de detallados estudios de caso sobre libros en los que he trabajado (los cuales han vendido millones de ejemplares en todo el mundo), además de amplias entrevistas con muchos de los brillantes expertos citados en este volumen, envíame un correo a *hello@perennialseller.com* o visita *perennialseller.com/gift*.

Espero que podamos continuar esta conversación sobre cómo hacer obras que perduren y enterarme de tus éxitos a este respecto.

AGRADECIMIENTOS Y FUENTES

No me agrada la idea de que mientras que agradecemos y reconocemos a los amigos y familiares que nos ayudaron a escribir un libro, nos limitemos cuando hablamos de nuestras fuentes. En este libro quise tomarme tiempo para reconocer y dar crédito a cada una, en lugar de enlistarlas en una aburrida bibliografía, porque me ayudaron a hacer realidad este libro. Antes de pasar a eso, quiero dar las gracias a mis socios en Brass Check, así como a nuestros clientes, en especial a Tim Ferriss, Robert Greene y James Altucher, cuyos libros y consejos sirvieron como estudios de caso. Gracias a mi investigador, Hristo Vassilev, y a mi editora, Niki Papadopoulos; gracias a Nils Parker y a mi agente, Steve Hanselman. Gracias a Portfolio por haberme dado el espacio y la oportunidad de crear mis propios productos de venta duradera. Gracias a mi esposa, Samantha, por haber lidiado con pilas de libros por toda la casa y con mi tendencia a perderme en ellos. En libros anteriores les di las gracias a mis cabras, pero ahora es momento de subir un nivel y hacer lo propio con mis burros: Buddy y Sugar, los veo por la ventana de arriba mientras escribo. Gracias a mi hijo, Clark, por su ayuda, aunque para ser franco no hizo nada para que este libro fuera posible.

Introducción

Estoy en deuda con Cyril Connolly, principal punto de partida de esta obra; gracias a él éste no es un libro típico de mercadotecnia. Las citas sobre James Salter y Alexandr Solyenitsin proceden de la descripción de sus libros en la contraportada. La cita sobre Bob Dylan proviene de esta pieza de CNN: cnn.com/2001/SHOWBIZ/Music/05/23/dylan/. He aquí un artículo del *Wall Street Journal* sobre el éxito duradero de *The Shawshank Redemption*: wsj. com/articles/SB10001424052702304536104579560021265554240. Nils Parker obtuvo la información acerca de Cire Trudon. Nassim Taleb analiza el efecto Lindy en su libro *Antifrágil* y también leí el artículo "Lindy's Law" en *The New Republic* de junio de 1964. Aunque estaba al tanto de la brillante jugada de Ted Turner con MGM, me la recordó el lector Zach Grogan, quien me envió un pasaje de *The Lion of Hollywood*. Mi editor me mandó el dato sobre la mayor venta de álbumes de catálogo que de lanzamientos, el cual puede verse en este artículo de *Verge*: theverge.com/2016/1/22/10816404/ 2015-album-sales-trends-vinyl-catalog-streaming. Los datos sobre el libro de Tucker Max proceden de él mismo, a quien agradezco mucho, igual que a Dov Charney, haberme puesto sobre aviso.

Parte I

Gracias a Derek Halpern y Pat Flynn, quienes contribuyeron a iniciar la conversación en Twitter que abre esta parte. Todas las citas de Robert Greene proceden de una entrevista que sostuvimos en 2015. La cita de Paul Graham proviene de este tuit: twitter.com/paulg/status/630132481732120576. El diálogo de Sarah Silverman está tomado de su gran aparición en *Comedians in Cars Getting Coffee*, de Jerry Seinfeld. La cita de Casey Neistat procede de su canal (youtube.com/caseyneistatofficial) y de una conversación que sostuvimos después. La frase de Austin Kleon es de un poema que publicó en un tuit y un periódico en 2015 (twitter.com/austinkleon/status/623940649025302528). Puedes ver a Elon Musk hablar de comer vidrio aquí: youtu.be/1NeqRhgtC1o?t=42m51s y encontrar la frase de Warren Beatty sobre vomitar en este artículo de *The New York Times* (nytimes. com/2016/10/30/movies/warren-beatty-rules-dont-apply.html). La letra de Drake es de su canción "Tuscan Leather" (gracias a su representante, Tony Hernandez, por su apoyo). Puedes hallar más sobre el estilo literario de Alexander Hamilton en la página 250 de la biografía escrita por Ron Chernow. La cita de Stefan Zweig está en *The World of Yesterday*. La cita de Peter Thiel procede de su libro *De cero a uno*. La maravillosa historia de *Star*

Wars se detalla en el libro de Cass Sunstein *The World According to Star Wars* y las citas de Rick Rubin provienen de su episodio en el podcast de Tim Ferriss (aunque también nos reunimos para comer en 2015 —gracias, Neil Strauss— y hablamos de esas mismas ideas). He comido muchas veces en la Clifton's Cafeteria y lo agradezco. La filosofía del diseño de Joey Roth puede hallarse en su entrevista de 2009 con Boing Boing: boingboing.net/2009/10/19/joey-roth-on-design.html. La cita sobre *En el camino* procede de este artículo en NPR: npr.org/templates/story/story.php?storyId=11709924. Uno de los estudios de creatividad citados proviene de fivethirtyeight.com; gracias a Scott Barry Kaufman por acceder a ser entrevistado. El "periodo de inactividad" de John Boyd puede encontrarse en la biografía de Robert Coram sobre ese gran hombre. Éste es el texto donde me enteré del proceso de Frank Lucas: nymag.com/nymag/features/3649/#print. *Den of Geek* tiene aquí un magnífico texto sobre los inicios de las películas de Pixar: denofgeek.com/movies/pixar/36648/the-early-versions-of-pixar-film-stories. Brian Koppelman ha contado muchas veces su historia sobre *Rounders*, pero una versión puede encontrarse en su episodio del podcast de Tim Ferriss. Gracias a mi esposa por haber comprado *Worms Eat My Garbage*; la cita de Robert Evans se tomó de su autobiografía. El ensayo de Paul Graham está en paulgraham.com/startupmistakes.html. La cita de Stephen King sobre el lector ideal es de su libro *On Writing*; la de Kurt Vonnegut proviene de sus ocho sugerencias para escribir un buen cuento, narradas en youtube.com/watch?v=nmVcIhnvSx8. Puedes encontrar la cita de John Steinbeck en theparisreview.org/interviews/4156/john-steinbeck-the-art-of-fiction-no-45-continued-john-steinbeck. La de Craig Newmark procede de nuestra entrevista por correo electrónico realizada en 2015. Las de Jon Favreau provienen de su entrevista con Marc Maron en el podcast WTF y la de Albert Brooks se tomó de su entrevista con Judd Apatow para *Sick in the Head: Conversations About Life and Comedy*. El texto de Chigozie Obioma puede leerse en themillions.com/2015/06/the-audacity-of-prose.html. Las cifras sobre las ventas de Slayer provienen del libro *Slayer's Reign in Blood*. La cita de Elizabeth Wurtzel es de su librito *Creatocracy: How the Constitution Invented Hollywood*. La frase de Stephen King sobre las "queridas ideas" es de *On Writing*. Robert McKee tuvo la gentileza de contestar mis preguntas vía correo electrónico en 2015. Nunca recomendaré lo suficiente el libro de Pressfield, *The War of Art*.

Parte II

La escena de *Pregúntale al polvo*, de John Fante, es hermosa y este libro sigue siendo una de mis obras de ficción favoritas (gracias a Neil por acercarme a él). Los detalles biográficos de John Fante proceden de la biografía *Full of Life* y básicamente de todo lo que se ha escrito sobre él; mi apetito de Fante es insaciable. Las estadísticas sobre YouTube están en tubefilter. com/2015/07/26/youtube-400-hours-content-every-minute/ y las relativas a libros publicados en bowker.com/news/2014/Traditional-Print-Book-Production-Dipped-Slightly-in-2013.html. Recomiendo este artículo de Jonathan Mahler sobre la editora de Harper Lee: nytimes.com/2015/07/13/books/the-invisible-hand-behind-harper-lees-to-kill-a-mockingbird. html, y este artículo de *Rolling Stone* sobre la creación de *25* de Adele: rollingstone.com/music/news/adele-inside-her-private-life-and-triumphant-return-20151103. Descubrí las reglas para escribir de Neil Gaiman en este post de Maria Popova: brainpickings.org/2012/09/28/neil-gaiman-8-rules-of-writing/. Las preguntas más frecuentes de Y Combinator pueden leerse en ycombinator.com/faq/. James Altucher elaboró un estudio de caso sobre la escritura de *Choose Yourself* que puedes leer en jamesaltucher.com/2013/07/how-to-self-publish-bestseller/. La "prueba del coche" de Max Martin se detalla en *The Song Machine* de John Seabrook y la historia acerca de los Rolling Stones se cuenta en la biografía escrita por Rich Cohen, *The Sun & the Moon & the Rolling Stones* (James Hetfield explicó su versión de la prueba en el podcast de Joe Rogan en 2016). Escribí más sobre el proceso interno de Amazon en *Growth Hacker Marketing: el futuro del social media y la publicidad*. Brian Koppelman y Seth Godin hablaron de géneros en el podcast de Koppelman en 2016. A Favreau se le cita de nuevo con base en el podcast de WTF. La cita sobre la crema de cacahuate Justin's proviene de una charla de Justin Gold en la conferencia Two12 en Boulder, Colorado, en 2016. Bret Taylor cuenta la historia de Google Maps en first round.com/review/take-on-your-competition-with-these-lessons-from-google-maps/. La anécdota sobre el logotipo con costo de seis dígitos de Steve Jobs está en la biografía de Walter Isaacson y la prueba de diseño de Marissa Mayer en nytimes.com/2009/03/01/business/01marissa.html. La fascinante historia sobre la portada de la edición rústica del libro de Salinger se refiere en newyorker.com/magazine/2015/01/05/pulps-big-moment. Puedes leer sobre el "cambio de marca" de *Edge of Tomorrow* en variety.com/2014/ film/news/tom-cruise-edge-of-tomorrow-gets-repositioned-as-live-die-repeat-on-home-video-1201283383/. Letters of Note ofrece la carta de Weinstein en lettersofnote.com/2010/01/youre-boring.html. El ensayo de Séneca citado es *Sobre la tranquilidad*. La historia del rechazo de Snapper contra Walmart está en fastcompany.com/54763/man-who-said-no-walmart (aunque, por desgracia, esa compañía cambió más tarde de opinión). La anécdota de Bruce Springsteen proviene de su libro *Songs* y la cita de Chuck Klosterman de su libro *But What If We're Wrong?* La cita de Nabokov procede de *Vladimir Nabokov: Selected Letters 1940-1977* (en ambos casos le debo la pista a Austin Kleon). La cita de Jeff Goins es de su libro en preparación, en el que tuve la suerte de trabajar. La letra de Jay Z es de la canción "Run This Town". La batalla de Churchill con la escritura y la publicación se detalla en el primer volumen de *The Last Lion*, obra maestra épica.

Parte III

La cita de Peter Thiel es de *De cero a uno*; la de Honorato de Balzac, de *Las ilusiones perdidas*. Herb Cohen es citado por su hijo, Rich Cohen, en *The Sun & the Moon & the Rolling Stones*. "Mercadotecnia es todo lo que consigue o conserva clientes" aparece en mi libro *Growth Hacker Marketing: El futuro del social media y la publicidad*. La cita de Ian McEwan aparece en post-gazette.com/ae/books/2013/03/24/A-conversation-with-Ian-McEwan-on-the-hows-and-whys-of-fiction/stories/201303240168. Jason Fried accedió a ser entrevistado por teléfono en 2015. Byrd Leavell, quien ha representado algunos proyectos que he escrito por encargo o comercializado, respondió algunas de mis preguntas vía correo electrónico en 2015. La cita de Ries y Trout aparece en *The 22 Immutable Laws of Marketing*. La frase de Ben Horowitz es de su libro *The Hard Thing About Hard Things*. La estadística de Facebook se tomó de facebook.com/business/news/Organic-Reach-on-Facebook. Shawn Coyne me contó la historia del lanzamiento de *The Warrior Ethos* y proporcionó las cifras. Puedes leer sobre los primeros días de Bonobos en medium.com/@dunn/get-one-thing-right-89390244c553. El estudio de McKinsey mencionado está en: mckinsey.com/insights/

marketing_sales/a_new_way_to_measure_word-of-mouth_marketing. Los datos de Jonah Berger están en jonahberger.com/the-secret-science-behind-big-data-and-word-of-mouth/. Gracias a Milt Deherrera por haberme contado del incendio de la mina Centralia. El "Véndele a uno" de Seth Godin procede de *Tribes*, changethis.com/manifesto/show/50.01.Tribes. Gracias de nuevo a Austin Kleon por la cita de Padget Powell; puedes leer la entrevista en believermag.com/issues/200609/?read=interview_powell. Las citas sobre Truman Capote se tomaron de *Capote: A Biography* y la revista *Life*, 18 de febrero de 1966. Me enteré de la cita de W. Somerset Maugham sobre la posteridad en *But What If We're Wrong?*, de Chuck Klosterman, y encontré una versión ligeramente distinta. La anécdota de 50 Cent está en *The 50th Law* y la oí directamente en las entrevistas de Robert Greene cuando fui investigador. La frase sobre los "adictos" proviene de una conversación con Shawn Coyne. Brady Dale, escritor al que edito en el *Observer*, consiguió estas gemas de Hugh Howey; la entrevista íntegra está en: observer.com/2016/03/hugh-howey-wool-amazonkindle/. Las citas de Tim Ferriss proceden de tim.blog/2013/05/02/a-few-thoughts-on-content-creation-monetization-and-strategy/. Puedes leer la historia de Pretty Lights en *Hypebot*: hypebot.com/hypebot/2013/12/pretty-lights-gave-his-music-away-now-has-a-grammy-nomination-should-you-do-the-same.html. Las reflexiones de Paulo Coelho sobre la piratería están en nytimes.com/2011/09/27/books/paulo-coelho-discusses-aleph-his-new-novel.html, y su post en Facebook en facebook.com/paulocoelho/photos/a.241365541210.177295.11777366210/10153068240216211/. El restaurante con la pluma robada es el Texas Grill de Bastrop, Texas. Cory Doctorow analiza la piratería en publishersweekly.com/pw/by-topic/columns-and-blogs/cory-doctorow/article/55513-cory-doctorow-how-writers-lose-when-piracy-gets-harder.html. George Ouzounian (alias Maddox) tuvo la gentileza de aceptar una entrevista por correo electrónico en 2016; en la preparatoria yo jamás habría creído que tal cosa sería posible algún día. Andrew Meieran, de Clifton, también accedió a que lo entrevistara por correo. Mi editorial objetó la inclusión del argumento de Amazon sobre el precio de los libros digitales, pero creo que los datos son muy claros (la elasticidad del precio es también una ley fundamental de la economía). Para más datos, este artículo del *Observer* es bueno: http://observer.com/2015/09/do-e-books-earn-more-money-at-lower-prices. El *LA Times* ha argumentado en contra: latimes.com/books/jacketcopy/la-et-jc-amazon-e-book-numbers-20140731-story.html, pero creo que se queda corto. El aumento de precio de Wrigley está en articles.orlandosentinel.com/1986-03-12/business/0200420078_1_chewing-gum-chewing-gum-wrigley. *The New Yorker* tiene un artículo fascinante sobre la edición rústica de libros de ficción: newyorker.com/magazine/2015/01/05/pulps-big-moment. La cita de Raymond Chandler acerca de la sobreestimación de la importancia de la literatura para la gente está en *The Raymond Chandler Papers: Selected Letters and Nonfiction, 1909-1959* y las cifras sobre las ventas de sus libros proceden de *The Cambridge Companion to American Novelists*. Gracias a BookBub.com por la promoción de descuento y a Tim Grahl por ponerme en ella. Gracias a Neil Strauss por *Pregúntale al polvo*. La historia de la aprobación de Drew Carey por Carson está en splitsider.com/2012/05/drew-carey-on-johnny-carsons-impact-on-stand-up-comedy/. Mi editor me puso al tanto del concepto de Kathy Sierra sobre "el público del público", el cual se explica en la charla de Sierra "Creating Passionate Users", que puedes ver en youtu.be/eSlRd6MnDv8. Las bombas de Marc Ecko se analizan extensamente en su libro *Unlabel* (en el que también tuve la suerte de trabajar). Debo dar crédito a Samantha Weinman, Milt Deherrera, Nichole Williams y Michelle Lemay por su trabajo sobre blogueros de modas en American Apparel. George Raveling y Shaka Smart me contaron la historia de Calipari. Las referencias sobre la publicación por entregas o de fragmentos proceden de *Robert Louis Stevenson: The Critical Heritage, F. Scott Fitzgerald on Authorship, The American Village in a Global Setting, Tom Wolfe: A Critical Companion* y *Ray Bradbury: Uncensored!: The Unauthorized Biography*. Puedes leer el artículo de *The New York Times* sobre mí en nytimes.com/2016/12/06/fashion/ryan-holiday-stoicism-american-apparel.html y el anuncio de la boda: nytimes.com/2015/03/01/fashion/weddings/reclaiming-their-moment.html. La nota en *20/20* se tituló "Faking It" y puede verse en youtube.com/watch?v=p-7y1DohK5M. El artículo en *Sports Illustrated* está en si.com/nfl/2015/12/08/ryan-holiday-nfl-stoicism-book-pete-carroll-bill-belichick, y el podcast en tombarnardpodcast.com/ryan-holiday-777-1/; el post en el blog en patriotsgab.com/2015/10/23/the-patriots-2014-secret-weapon-may-have-been-a-book/. Puedes leer sobre "subir por la cadena" en este fragmento de *Confía en mí, estoy mintiendo*: slideshare.net/ryanholiday/tmil-slideshare-v19. He aquí el artículo del *Times* sobre la ceremonia de DeWitt: nytimes.com/2013/06/24/us/in-the-bible-belt-offe-ring-atheists-a-spiritual-home.html, y el de Boing Boing sobre Zeds Dead: boingboing.net/2015/12/04/dj-duo-zeds-dead-stuck-heart-r.html. Mi artícu-lo sobre Trump está en ryanholiday.net/dear-dad-dont-vote-donald-trump/. Lee el libro *Newsjacking*, de David Meerman Scott. He aquí más sobre el ardid de los drones de Amazon: cnbc.com/2013/12/02/did-amazon-just-pull-off-the-best-pr-stunt-ever.html. El artículo de *Adweek* está en adwe ek.com/galleycat/author-experiments-with-genius-com-excerpt/106207. La idea de Jane Friedman proviene de la entrevista que sostuvimos por te-léfono en 2015. He aquí la historia del Koss Billboard: onmilwaukee.com/market/articles/kossbillboard.html. La historia de Maxwell Perkins está en la biografía de A. Scott Berg, *Max Perkins: Editor of Genius*. La cita de H. L. Mencken procede de *Mencken: The American Iconoclast*. El artículo de 1985 de *The New York Times* sobre la industria editorial está en nytimes. com/1985/06/09/books/why-best-sellers-sell-best-and-other-publishing-secrets.html. Las ideas de Ian Fleming sobre la publicidad están en su ma-ravilloso epistolario *The Man with the Golden Typewriter. The New Yorker* tiene el caso de los inusuales anuncios de Patagonia: newyorker.com/busi-ness/currency/patagonias-anti-growth-strategy/. Puedes ver mi anuncio en Times Square en instagram.com/p/BHAuZmEledp/. Para ser justo con mis maestros de preparatoria, la mayoría eran maravillosos. He aquí el anun-cio de Paulo Coelho, que me encanta pero que lamento que me haya robado: adweek.com/adfreak/paulo-coelho-just-published-entire-text-his-novel-alchemist-single-ad-167068.

Parte IV

La cita de Stefan Zweig procede de *The World of Yesterday*, lo mismo que la triste historia de su huida de Europa después del ascenso de Hitler. Las estadísticas y anécdotas de Iron Maiden provienen de incontables fuentes (como puedes ver, estoy enamorado de esta banda). No hay aún una gran biografía de ella, aunque debería haberla; sus representantes rechazaron mis solicitudes de entrevistas. Lee el ensayo de Kevin Kelly en kk.org/thete chnium/1000-true-fans/. Michael Hyatt estudia la plataforma en su libro *Platform*. La historia de Winston Churchill se cuenta en el segundo y tercer volúmenes de *The Last Lion*. Recomiendo ampliamente el libro de Jackie Huba, *Monster Loyalty*, sobre Lady Gaga. La cita de Marco Aurelio proviene de *Meditaciones*. Casey Neistat y yo analizamos muchas veces la plataforma en recorridos por el West Side de Manhattan y él también la ha mencionado muchas veces en su vlog. Kevin Hart cuenta cómo creó su lista de correos y redes sociales en el podcast WTF de Marc Maron y los correos filtrados de Sony revelan más. Las citas de Craig Newmark provienen de nuestra entrevista. También recomiendo el libro *Permission Marketing*, de Seth Godin. Las citas de Chris Lavergne proceden de una entrevista por correo electrónico en 2015; ¡gracias por todo el apoyo, amigo! Doy crédito a Ian Claudius por haberme desalentado de iniciar una lista de correos; por eso la hice. Gracias a Noah Kagan por sus ideas para crear una lista. Porter Gale escribió *Your Network Is Your Net Worth*. Tuve la suerte de conocer a Tim Ferriss en South by Southwest; gracias a Tucker Max por haberme llevado como su asistente en 2007. He aquí algunas de las estrategias de establecimiento de redes de Ferriss: tim.blog/2015/08/26/how-to-build-a-world-class-network-in-record-time/. La cita de Jay Jay French procede de este artículo: inc.com/jay-jay-french/how-the-twisted-sister-brand-survive-for-five-decades.html. Gracias a Barbara Hendricks por la entrevista. Gracias a Robert Greene por sugerirme hace años darle otra oportunidad a *La estructura de las revoluciones científicas*; he aquí la historia de ese libro:theguardian.com/science/2012/aug/19/thomas-kuhn-structure-scientific-revolutions. La cita del editor de Kafka proviene de este artículo en *The New Yorker*: newyorker.com/books/page-turner/posthumous. Gracias a Steve Hanselman y Ralphie May por contestar algunas preguntas. Gracias a Nassim Taleb por responder algunas preguntas sobre *Incerto* vía correo electrónico. El estudio musical mencionado está en www.chicagobooth.edu/faculty/research-learning-centers. Este artículo sobre Woody Allen y la "vida escribiendo" es asombroso: theimaginationgame.com/2012/12/18/writing-is-the-great-life-woody-allen/, igual que este otro sobre Seinfeld: nytimes.com/video/magazine/100000001965963/jerry-seinfeld-how-to-write-a-joke-.html. Las citas de John McPhee provienen de chron.com/life/article/John-McPhee-isn-t-slowing-in-72nd-year-2123857.php. La frase de Goethe es de *Máximas y Reflexiones*. El libro sobre el hip-hop al que hice referencia era de Birdman y Slim Williams, fundadores de Cash Money Records; el proyecto está atorado, pero espero retomarlo. Sobre el imperio de Michael

Jackson, lee *Michael Jackson Inc.*, de Zack O'Malley Greenburg. El artículo de Steven Johnson sobre creatividad en *The New York Times* está en nytimes.com/2015/08/23/magazine/the-creative-apocalypse-that-wasnt.html. La letra de Jay Z es de su canción "No Hook".

Conclusión y epílogo

La historia de *Born to Run* procede de esta entrevista con Springsteen en *RollingStone*:rollingstone.com/music/news/bruce-springsteen-on-making-born-to-run-we-went-to-extremes-20150825. El documental de The MxPx que precipitó mi crisis artística fue *Both Ends Burning*. Gracias a Mike Herrera por la entrevista y por estar en contacto, es un honor increíble. La primera vez que vi tocar a MxPx fue un mes después del 11 de septiembre, en Modesto, California. La frase de Bill Walsh es de *The Score Takes Care of Itself*. La de Nassim Taleb es de este post en Boing Boing: boingboing.net/2009/01/29/black-swan-authors-r.html. Gracias a Craig Newmark por el perfecto fin de la conclusión. Y a Judd Apatow porque su entrevista con Steve Martin en *Sick in the Head* me ofreció el modo perfecto de terminar este libro.

ÍNDICE ANALÍTICO

4-Hour Workweek, The (Ferriss), 82
22 Immutable Laws of Marketing, The (Ries y Trout), 82
48 leyes del poder, Las (Greene), 15
50 Cent, 112, 115, 117, 138, 178

A sangre fría (Capote), 52, 108n
AC/DC, 180, 181
Adele, 65-67
Adiós a las armas (Hemingway), 37, 172
Agamenón (Séneca), 88
Allen, Woody, 176, 182
Alquimista, El (Coelho), 146
Altucher, James, 68, 69, 108-110, 138, 158, 162
Amazon
    inmortalidad y, 32
    pago a empleados que se marchan de, 30
    público potencial en, 120
    rango de ventas, 103, 121, 122, 129
Amazon Prime, 117
American Apparel, 15, 125, 126, 145
Apatow, Judd, 193
Appelhof, Mary, 43, 44
Apple, 107, 112, 176
    App Store, 134

AppSumo, 163
apropiación informativa, 138-140
    publicidad y, 145
artistas necesitados, 91
Avatar (película), 30, 32n

Basecamp, 100, 117, 174
Beatty, Warren, 27
Berger, Jonah, 105
Bezos, Jeff, 32
Bic (pluma), 120
Bitcoin, 138
BitTorrent, 116, 164
boletines, 162, 164
Born to Run (álbum), 51, 90, 185, 186
"botín de bombas", 125
borradores, 27, 65, 69, 70
Bowie, David, 13
Boyd, John, 39
Bradbury, Ray, 119, 130
Brooks, Albert, 47
Bukowski, Charles, 119, 123
BuzzFeed, 75

Cadaver Connection, 39
Cain, Susan, 75, 76

Calipari, John, 128
Cameron, James, 30
Campbell, Joseph, 35
Capilla Sixtina, 29
Capote, Truman, 52, 107, 108
Carey, Drew, 123, 124
Carroll, Pete, 50
Carson, Johnny, 123, 124
Cash Money Records, 104
Chandler, Raymond, 120, 121
Charity: Water, 83
Choose Yourself (Altucher), 68, 108, 109, 138, 158, 162
Churchill, Winston, 91, 92, 155
Cire Trudon, 13
Clifton's Cafeteria, 12, 36, 118, 119
Clinton, Hillary, 166, 167
cobertura informativa, 129-137
    apropiación informativa y, 138-140
    atrapar la atención, 134-137
    comenzar con poco, 132-134
    credibilidad y prestigio, 131
    pagada, 140-146
Coelho, Paulo, 115, 145, 146
Cohen, Herb, 98
Cohen, Rich, 70
comentarios, 41, 64-69
concursos, 164
Conde de Montecristo, El (Dumas), 172
Confía en mí, estoy mintiendo (Holiday), 76, 77, 87
confirmación social, 128
Connolly, Cyril, 9, 10, 21, 38, 90, 105, 191
Contagious (Berger), 105n
Coyne, Shaw, 78
Craigslist, 46, 136, 161, 174
creación espontánea, mito de la, 37-39, 53, 54
Cruise, Tom, 37, 84
Curtis, Drew, 160

Darabont, Frank, 37
De cero a uno (Thiel), 99

De Vany, Arthur, 175n
deuda kármica, 168, 170
DeWitt, Jerry, 135
Dickinson, Bruce, 182
Doctorow, Cory, 116
Drake, 30
Drucker, Peter, 100
Dumas, Alejandro, 172, 178n
Dylan, Bob, 10

Ecko Unltd., 125
Ecko, Marc, 90, 91, 125
Edge of Tomorrow (película), 84
ediciones rústicas, 120, 121
editores, papel de los, 64-69
efecto Lindy, 13, 103, 161, 170
En el camino (Kerouac), 38, 38n, 118
Enemigos de la promesa (Connolly), 9, 10, 21, 90, 105
Epicteto, 146
"estilo Toyota", 31
Estoicismo cotidiano (Holiday), 183
estrategia
    del mar sereno, 49, 50
    mercadológica de gratuidad, 112-118, 163
    "Uno para ellos, uno para mí", 179
Estructura de las revoluciones científicas, La (Kuhn), 170
Evans, Robert, 43
Evernote, 23

Fahrenheit 451 (Bradbury), 130
Fans, 168-170
    llegar a nuevos, 178, 179
Fante, John, 59-61, 123, 124, 185
Favreau, Jon, 47, 73
Feria de las vanidades, La (Wolfe), 130
Ferriss, Tim, 82, 114, 165, 166
Fitzgerald, F. Scott, 14, 67, 130
Fleming, Ian, 143, 173, 183
Fog of War, The (documental), 84
Freemium, 117, 147

French, Jay Jay, 169
Fried, Jason, 99
Friedman, Jane, 139

Gaiman, Neil, 67
Godin, Seth, 29, 30, 63, 72, 106, 161, 171
Goethe, Johann Wolfgang von, 49, 179
Goins, Jeff, 91
Google, 33, 34, 81, 82, 183
    alerta de, 129
    imágenes en la página principal de, 139
GoreTex, 48
Graham, Paul, 23, 44
Gran Gatsby, El (Fitzgerald), 15, 67
Grateful Dead, 50
Greene, Robert, 23, 79
    48 leyes del poder, Las, 15
    Arte de la seducción, El, 172
    fragmentos de anotaciones, 139
    Maestría, 79, 116n
    obras de, 175, 178
Guardián entre el centeno, El (Salinger), 83
Guerra de los mundos, La (programa de
    radio), 51, 52

Hamilton, Alexander, 31, 32
Hanselman, Stephen, 173
"Happy Birthday" (canción), 48
Hart, Kevin, 159, 160
Hefner, Hugh, 130
Hemingway, Ernest, 37, 65, 141, 172, 182
Hendricks, Barbara, 169, 171
Hendricks, Ken, 176
Henley, Don, 125
Herrera, Mike, 188-190
Hetfield, James, 69n
Hidden Fortress, The (película), 35
Historia de los pueblos de habla inglesa
    (Churchill), 92
Hitler, Adolf, 60
Hohoff, Tay, 65
Horowitz, Ben, 103
Howey, Hugh, 113

Huba, Jackie, 156n
Humildad, 40, 41, 69, 101-103
Hyatt, Michael, 154, 155

I Hope They Serve Beer in the Hell (Max),
    15, 115
ideas
    como un relámpago, 38
    papel de las, 24, 25, 49
    periodo de inactividad, 39, 40
    prueba de, 40-43
imperio, creación de, 180-184
Instagram, 123
    función "Historias" de, 146
Iron Maiden, 12, 151-154, 158, 182
    base de fans de, 151-154, 168, 169
    venta de camisetas de, 180, 181
Iron Man (película), 47, 73

Jackson, Michael, 180
Jagger, Mick, 70
Jay Z, 104, 180, 181, 183
Jenkins, Jerry, 46
Jobs, Steve, 81, 89, 90, 176
Johnson, Steven, 181
Justin's (crema de cacahuate), 78

Kafka, Franz, 173
Kagan, Noah, 163, 164
Katz's Deli, 47, 128
Kaufman, Scott Barry, 38
Keats, John, 38
Kelly, Kevin, 153, 189
Kerouac, Jack, 38, 38n, 118
Keynes, John Maynard, 107
Kim, W. Chan, 49
King, Stephen, 45, 54
Kleon, Austin, 25, 106n
Klosterman, Chuck, 90
Knight, Phil, 104
Kogi Korean BBQ, 42
Kool DJ Red Alert, 125
Koppelman, Brian, 41, 72

Koss Corporation, 143
Kuhn, Thomas, 170

"la hondonada" (Godin), 30
Lady Gaga, 12n, 78, 156, 169, 178
Lamott, Anne, 42
Langer's Deli, 47
lanzamiento, 106-112, 172, 173
    "qué", 110-112
Lavergne, Chris, 162
Leavell, Byrd, 100
Lee, Harper, 65, 66, 178
Lee, Spike, 126
Levien, David, 41
Lewis, Sinclair, 130
Libin, Phil, 23
libros digitales, 121, 122
Life (revista), 130
lista de correos, 158-165
    cómo hacerla, 162-165, 168
    plataforma de Kevin Hart, 159, 160
    uso del correo electrónico, 161
Litt, Toby, 44
"Llamado a las armas", 111
"los mil verdaderos fans", 153, 189
Louis C. K., 177, 179
Lucas, Frank, 39
Lucas, George, 14, 27, 35

Mad Men (programa de televisión), 29
Maestría (Greene), 79, 116n
"marcha atrás", 39
Marco Aurelio, 86, 158
Maron, Marc, 167
Martin, Max, 69, 69n, 70
Martin, Steve, 193
Matadero cinco (Vonnegut), 105
Matar a un ruiseñor (Lee), 65, 66
Mauborgne, Renée, 49
Maugham, W. Somerset, 107
Max, Tucker, 15, 115
May, Ralphie, 173
Mayer, Marissa, 81, 82

McEwan, Ian, 99
McKee, Robert, 54
McPhee, John, 27n, 177
medios pagados, 140-146
Meieran, Andrew, 36, 118, 119
Melville, Herman, 176
Mencken, H. L., 141n
mentalidad de emprendedor, 181
mercadotecnia, 97-147, 173, 174
    apropiación informativa, 138-140
    búsqueda de promotores, 123-125
    cobertura informativa, 129-137
    como tarea, 99-101
    creatividad *vs.*, 21, 22
    cualquier cosa puede ser, 103, 104
    estrategia de bajo precio, 118-122
    estrategia de gratuidad, 112-118
    lanzamiento, 106-112
    llegar a nuevos fans, 178, 179
    pedir, 125-129
    producción de varias obras, 174-178
    publicidad, 140-146
    recomendación verbal, 104-106
    sentir que se merece todo, 101-103
"mercadotecnia de amnesia", 163
Metallica, 69n, 116, 117, 180
Método, El (Strauss), 172
Mi lucha (Hitler), 60
Miller, Arthur, 190, 191
Miranda, Lin-Manuel, 43, 44
Monster Loyalty (Huba), 156n
Monsters, Inc. (película), 47, 48
Morris, Errol, 84
Muerte de un viajante, La (Miller), 190, 191
Musk, Elon, 27, 87
MxPx, 187-189

Nabokov, Vladimir, 90
Nas, 127
Neistat, Casey, 24, 137, 157, 162, 163
Newmark, Craig, 46, 161, 191
NeXT, 81
nicho, autoridad de un, 43-45

Nike, 104, 112

"No compres esta chamarra", 144

novelas por entregas, 130

nuevas empresas

    corto *vs.* largo plazo, 35

    motivo de fracaso, 46n

    necesidad de mercado, 46, 46n

    producto viable mínimo, 41, 42

    tasa de crecimiento, 23

O'Reilly, Tim, 113

Obioma, Chigozie, 50, 51

Obstacle Is the Way, The (Holiday), 122, 132, 133, 143, 144

Once a Runner (Parker), 104

Orbison, Roy, 84

Original Pantry Cafe (Los Ángeles), 12, 174

Orwell, George, 27

Ouzounian, George, 117, 118

Page, Larry, 33

paradigma, cambios de, 170, 171

Parker, John, Jr., 104

Patagonia, 144

Patriotas de Nueva Inglaterra, 132

Patterson, James, 136

Peretti, Jonah, 75

periodo de inactividad, 39, 40

Perkins, Maxwell, 141

personas influyentes

    busca a tus, 123-125

    pedir y utilizar, 125-129

    recomendación verbal y, 104-106

piratería, 113, 115-117

plataforma, 151-184

    creación de un imperio, 179-184

    definición, 154-156

    hechura de tu lista, 158-165

    importancia de la, 156-158

    llegar a nuevos fans, 178, 179

    mercadotecnia, 173, 174

    mirar a largo plazo, 170-173

    producción de varias obras, 174-178

red, 165, 166

    relaciones, 166-170

portadas de libros, 81, 83, 84

posicionamiento, 59-93

    a medio camino de la mitad, 61, 62

    comercialismo, 90, 91

    director del trabajo de, 62-64

    misión, 86-90

    papel de los editores en el, 64-69

    pregunta al público, 74-80

    presentación y promoción, 80-86

    probar y volver a probar, 69, 70

    "Una oración, un párrafo, una página", 71-74

Powell, Padgett, 106

precio

    estrategia de bajo, 118-122

    estrategia de gratuidad, 112-118

    freemium, 117, 147

promoción, 80, 81, 84-86

Pregúntale al polvo (Fante), 59-61, 123, 124, 185

presentación, 80-86

Presley, Elvis, 79, 179

Pressfield, Steven, 55, 103

pre-celebridades, 166

proceso creativo, 21-55

    autoridad de un nicho, 43-45

    valiente y enérgico, 48-53

    corto *vs.* largo plazo, 33-37

    creatividad, 37-39

    disposición al sacrificio, 27-29

    importancia del trabajo, 22-24

    maratón *vs.* carrera de velocidad, 29, 30

    papel de las ideas en el, 24, 25

    papel del propósito en el, 25, 26

    periodo de inactividad, 39, 40

    pregunta "¿para qué?", 45-48

    producción de varias obras, 174-178

    prueba de ideas, 40-43

producto viable mínimo, 41, 42

promotores

    busca a tus, 123-125

pedir y utilizar, 125-129
    recomendación verbal y, 104-106
prueba del coche, 69, 70
publicidad, 140-146
    anuncios panorámicos, 143-145
    gratis, camisetas como, 180
    lanzamiento de productos y, 110, 140,
        141
    mejores usos de la, 144-146
    recomendación verbal *vs.*, 105
    uso de datos para, 142
público
    definición del, meta, 43-45
    pregunta "¿para qué?", 45-48
público básico, 78
"público del público", 124
Pullman, Bill, 13

Rao, Srinivas, 50
Rap Genius, 139
Ray-Ban Wayfarers, 125
recomendación verbal, 104-106, 147
red, como haber, 165, 166
redes sociales, 146, 160, 161
    "Llamado a las armas", 111
    permisos, 161
Reign in Blood (álbum), 51
respaldos,
    buscar, 123-125
    pedir y utilizar, 125-129
    recomendación verbal y, 104-106
Ries, Al, 82, 100
Rocky (película), 37
Rolling Stones, 70
Roth, Joey, 36, 122
Rounders (película), 41
Rubin, Rick, 35, 51, 66

Sagrada Familia, La (Catedral), 29
Salinger, J. D., 83
Salter, James, 10
Schwarzenegger, Arnold, 157
Scott, David Meerman, 138

Scribner's Magazine, 130
Seinfeld (programa de televisión), 32, 81,
    176, 177
Seinfeld, Jerry, 176
Séneca, 88
sesgo de disponibilidad, 34, 81
Sex and the City (programa de televisión),
    78
Shakespeare, William, 14, 175
Shawshank Redemption, The (película), 12,
    13, 37
Siegler, M. G., 133, 134
Sierra, Kathy, 124
Silencio (Cain), 75, 76
Silverman, Sarah, 24
Slayer, 51
Smith, Derek Vincent (alias Pretty Lights),
    114
Snapchat, 146
Snapper Inc., 88, 89
Solyenitsin, Alexandr, 10
Sorapot, 36, 122
Soulja Boy, 115
South by Southwest, 136, 165
Sports Illustrated, 133, 143
Spotify, 12, 97, 117, 178
Springsteen, Bruce, 51, 90, 185, 186
Star Wars (película), 14, 27, 35, 108, 157,
    172n
Steinbeck, John, 45, 182
Stevenson, Robert Louis, 130
Strauss, Neil, 82, 123, 145n, 172
    "escalar", 133
Sunstein, Cass, 199

Taleb, Nassim, 13, 175, 185
Taylor, Bret, 81
TED Talks, 114
Thiel, Peter, 34, 97, 99
Thin Blue Line, The (película), 84, 85
Thompson, Hunter S., 27
Tonight Show, The (programa de televisión),
    123, 124

Toy Story (película), 47, 48
Trout, Jack, 82, 100
Truth, The (Strauss), 82
Turner, Ted, 13, 14
Twisted Sister, 169
Twitter, 22, 160, 174

Uber, 52
"Una oración, un párrafo, una página", 71-
    74, 85, 86

Van Halen, 193
Van Hofwegen, Nick, 182, 183
venta en el elevador, 85, 86
Vonnegut, Kurt, 45, 105

Walmart, 88, 89, 141
Walsh, Bill, 190
War of Art, The (Pressfield), 55
Warrior Ethos, The (Pressfield), 103
WD-40, 48, 67

Wealthfront, 84
Weiner, Matthew, 29
Weinstein, Harvey, 84, 85
Weintraub, Jerry, 79
Welch, Jack, 169, 177
Welles, Orson, 51-53
West, Kanye, 91, 125, 178
Wolfe, Tom, 130
Wool (Howey), 113
Worms Eat My Garbage (Appelhof), 43
Wrecker, The (Stevenson), 130
Wrigley's (goma de mascar), 120
Wurtzel, Elizabeth, 52

Y Combinator, 23, 44, 63, 67
YouTube, 63, 157, 162, 163

Zappos, 30
Zeds Dead, 135, 136
Zildjian (platillos), 12, 13
Zweig, Stefan, 33, 151, 155

Esta obra se imprimió y encuadernó
en el mes de mayo de 2018,
en los talleres de Impregráfica Digital, S.A. de C.V.,
Calle España 385, Col. San Nicolás Tolentino,
C.P. 09850, Iztapalapa, Ciudad de México.